聪明人是怎样带团队的

彦涛◎著

CONGMINGREN SHI ZENYANG
DAI TUANDUI DE

立信会计出版社
LIXIN ACCOUNTING PUBLISHING HOUSE

图书在版编目（CIP）数据

聪明人是怎样带团队的/彦涛著.--上海：立信会计出版社，2016.8

（去梯言）

ISBN 978-7-5429-5206-6

Ⅰ.①聪… Ⅱ.①彦… Ⅲ.①企业管理－组织管理学 Ⅳ.①F272.9

中国版本图书馆CIP数据核字(2016)第206346号

策划编辑　蔡伟莉

责任编辑　蔡伟莉　秦思慧

封面设计　久品轩

聪明人是怎样带团队的

CONGMINGREN SHI ZENYANG DAI TUANDUI DE

出版发行	立信会计出版社		
地　　址	上海市中山西路2230号	邮政编码	200235
电　　话	（021）64411389	传　　真	（021）64411325
网　　址	www.lixinaph.com	电子邮箱	lxaph@sh163.net
网上书店	www.shlx.net	电　　话	（021）64411071
经　　销	各地新华书店		

印　　刷	固安县保利达印务有限公司		
开　　本	720毫米×1000毫米	1/16	
印　　张	14.5	插　　页	1
字　　数	207千字		
版　　次	2016年8月第1版		
印　　次	2018年7月第5次		
书　　号	ISBN 978-7-5429-5206-6/F		
定　　价	36.00元		

前　言

常言道：兵熊熊一个，将熊熊一窝。作为一个管理者，其能力高低不是看他有多能干、他的资历有多高，而是看他所带领的团队整体战斗力如何。

一个好的管理者总能让团队保持向上的激情，让每一个成员发挥出最大的能量，能随时化危机为转机，确保每一个成员都有所获益。作为一个团队的领导，如果你不能合理地优化组织结构，不能提升团队的士气，不能有效地激励员工……那么你就应该看看这本书了。

“企”字无“人”则为“止”。企业是由人构成的，人非机器，他们是鲜活的生命个体。因此，从某种程度上来说，管理企业就是管人。作为企业的领导者，你必须用实力征服你的员工，让他们心甘情愿地听从你的调遣、为你打拼。而要征服他们，你必须知道聪明人是怎样带团队的。

随着全球经济的发展，企业间的竞争越来越激烈。虽然竞争方式不一，但所有的竞争归根结底还是人才的竞争。而人才的竞争又是团队的竞争，团队的竞争就是团队领导者的竞争。各类企业都迫切需要一个卓越的领导者带队，以应对复杂经济环境的挑战。

作为团队的领军人物，你不仅是企业蓝图的规划者，更是企业文化的缔造者；你不仅要具备过人的实力，更要拥有光芒四射的人格魅力。松下幸之助说：“一个领导者能使人感念的不是他的威势而是他的德行与恩泽。”

可见，管理者的人格力量才是企业的阳光雨露，是吸引员工追随的法宝。作为团队的领导者，领导的能力直接关系到团队的成败。那么，作为团队领导者，如何做才能慧眼识人，招纳贤才并为我所用？如何统筹管理，发挥团队的更大作用？如何带出一支目标明确、执行力强、极具凝聚力与创新力的团队？如何运筹帷幄，在激烈的企业竞争中把握先机？

本书以大量生动的实例，紧密结合团队管理的方方面面，为你提供最具实用性的团队管理法则，教你带出一支极具战斗力的团队。

《聪明人是怎样带团队的》作为中高层管理者提升团队凝聚力、向心力和工作效率的必读之书，将为你提供如下“聪明人”的领袖计划：团队领袖必须掌握的“4 个观念、6 种心态、6 种技术”；管理工作中必备的实战之术，比如，如何聪明地选聘员工、激励员工；如何用制度管人、如何聪明地与下属沟通、如何聪明地授权、如何合理地设计薪酬、如何有效地降低成本，等等。

美国奥格尔维·马瑟公司总裁奥格尔维在一次董事会上，在每个与会的董事面前都摆了一个相同的玩具娃娃。董事们面面相觑，不知何故。奥格尔维说：“大家打开看看吧，那就是你们自己！”于是，他们把娃娃一一打开来看，结果出现的是：大娃娃里有个中娃娃，中娃娃里有个小娃娃。他们继续打开，里面的娃娃一个比一个小。最后，当他们打开最里面的娃娃时，看到了一张奥格尔维题了字的小纸条。

纸条上写的是：“如果你经常雇用比你弱小的人，将来我们就会变成矮人国，变成一家侏儒公司。相反，如果你每次都雇用比你高大的人，日后我们必定成为一家巨人公司。”前一句话与从大娃娃到中娃娃再到小娃娃的次序吻合，后一句话与小娃娃到中娃娃再到大娃娃的次序吻合，这些聪明的董事一看就明白了。这件事给每位董事留下很深的印象，在以后的岁月里，他们都尽力任用有专长的人才。

这个娃娃玩具叫俄罗斯套娃，在普通人眼里是可爱的玩具，但是在团队管理中却是致命的缺陷。这就是管理学界提出的奥格尔维法则：“每个人都雇用比我们自己更强的人，我们就能成为巨人公司，如果你所用的人都比你差，那么他们就只能做出比你更差的事情。”

奥格尔维法则蕴含的道理简单明了，然而在现实中，却有很多管理者难以做到。

一个聪明的企业领导者，必有一套独特的带团队的本领。一个企业在业界能否成为翘楚，也与领导者的识人、用人密切相关。当你肩负起管理团队的责任，你就要追求团队利益的最大化。本书教你怎样做才能带出一支精明能干的团队，进而在激烈的商业竞争中勇往直前。

目 录

Chapter 01

聪明人带团队的6种心态

曾国藩说："轻财足以聚人，律己足以服人，量宽足以得人，身先足以率人"。当被人问道："何以轻财、律己、量宽、身先？"曾国藩沉吟不语，半晌后吐出两字："修心"。

无论你是一个小主管，还是一个大领导，在下属的眼里，你就是带头人、领军者，你的一言一行都会影响到他们的士气和积极性。而你的言行却无一不是你内心世界的反映，因此，聪明人带团队都是在"修心"方面下大功夫。

放下私心，它让你威信扫地

要人放下私心，这谈何容易？人非圣贤，孰能无私？

而且人类的历史经验证明，每个人追求自身利益最大化的"私心"，正是推动社会发展的驱动力。在市场经济条件下，人的这颗"私心"亦是经济繁荣的基石。

当你肩负起管理团队的责任后，你的私心分为两种：一是追求个人利益最大化的私心，二是追求团队利益最大化的私心。第一种私心是人的本能，要放下的正是这部分私心；第二种私心是团队管理者这个岗位赋予你的使命，而很多人走上管理岗位却没有使命意识，因此要着重培养这颗私心。

在现实生活中，人们往往把第二种私心叫作“公心”，因为对团队成员来讲，为了团队利益最大化的私心，就是为了公众利益的公心。人们在谈到“私心”的时候，指的都是第一种私心。

可以根据为公为私的状态，把管理者分为四种类型：

第一种：毫不为公，一心为私。这种团队管理者，赤裸裸地任凭自己的私欲膨胀，丝毫不为团队的利益着想，很快会众叛亲离，是不会长久的。

第二种：一心为公，毫不为私。这样的人可谓圣贤，是人之龙凤，非常稀少，但必定能成就一番惊天动地的大事业。因为其身上散发的人格魅力将如同磁石吸铁，吸引天下有德才之士为之效力。

第三种：为私优先，其次为公。稍具理性的平庸之人，在个人利益与团队利益没有冲突的时候，可以有一颗公心，但当二者冲突时，却会优先考虑自身的利益，然后再考虑团队利益。这是平庸的管理者的写照。

第四种：为公优先，其次为私。达不到圣贤状态的管理者，无法完全放弃自己的私心，但是在团队利益与个人利益相冲突时，会优先考虑团队利益，其次考虑个人利益。这是普通管理者通过努力都可以达到的境界，可以称之为卓越。

威信，包含了威望和信誉。威望是你对其他人的吸引力，信誉是其他人对你的信任程度。

上述四种类型的管理者，在团队中的威信是不一样的，威信最高的是第二种，其次是第四种，其次是第三种，最差的是第一种。

马云的第一次创业是 1992 年开办的一家“海博”翻译社。课余，马云四处活动接翻译业务。当时经营挺艰难，一个月的营业额是 200 多块钱人民币，可光是房租就要 700 元。第一年实在不行了，马云就背着口袋到义乌、广州去进货，卖礼品、包鲜花，用这些钱养了翻译社 3 年，才开始收支平衡。他的这种无私奋斗的精神在当时虽然没有变成真金白银，但却让他在伙伴中建立了强大的威信。

1999 年，马云决定从北京回杭州创办“阿里巴巴”网站。临行前，他对他的伙伴们说："我要回杭州创办一家自己的公司，从零开始。愿意同去的，只有 500 元工资；留在北京的，可以介绍去收入很高的雅虎和新浪。"结果包括他和夫人在内，共有 18 个人愿意自掏腰包，凑了 50 万元，开始跟着他走上了前途未卜的创业之路。

正如马云后来所说："我一直的理念，就是真正想赚钱的人必须把钱看轻，如果你脑子里老是钱的话，一定不可能赚钱的。"

这就是无私的力量！当一个人放下了私心，收获的就是众人的威信。

放下贪心，它让你丧失理智

贪心的字面意思是"不知足"。在管理的情境中，贪心表现为不知道团队利益的边界，妄图捞取边界之外的利益。

一心为公的人，放下了个人的私心，却有可能变得贪心。

2014 年，天猫"双十一"交易额达到 571 亿元，众商家赚得盆满钵满，更是把天猫推上了全球第一移动电商的宝座。在这样火红的发展趋势下，越来越多的品牌想进驻天猫商城。但是，2015 年天猫入驻条件及费用，跟 2014 年大不相同了。单纯从收取的费用来看，主要有：入住费用 5 万 ~10 万元；保证金 1 万 ~30 万元；年费 3 万 ~6 万元；技术服务费，按交易额的 5% 收取。除此之外，直通车、聚划算等主要的商家引流手段还要竞标收费。

到了 2016 年初，很多天猫店老板一算账，感叹在天猫赚钱越来越难了。部分人决定到费用更低的京东开店，或者转向微信平台做微商。

在阿里的决策者看来，收取更高的费用、赚取更多的利润，是公司发展的"公心"，但这一立场，却损害了广大商家的生存基础，导致商家的出逃。

阿里旗下的淘宝网和天猫网，提供了阿里公司与广大商家的共赢生态系统。在这个系统中，如果双方都只站在自己的立场，商家就会为了私利倾销低劣的商品，而阿里就会变本加厉地通过收费、监管等手段搜刮商家。最终危害的是整个商业生态的健康发展。阿里和商家之间，有一个利益的边界，在这个边界范围之内，双方都能发展，而任何一方企图长期超出这个边界，就都会输。

在经济学上有一个“拉弗曲线”。描述了政府向企业收税的利益边界。如果政府的税率在一个数值之内，虽然税率低，但企业主投资的积极性日益高涨，政府的税收也日渐增多；而超出了这个数值，虽然税率提高了，但企业主投资的积极性日益下降，政府的税收也日渐枯萎。如果税率达到 100%，则一分钱的税也收不上来了。

在公司内部，部门与部门之间也有利益边界，如果你为了部门利益而占尽了其他部门的便宜，那你有可能在部门内赢得了威信，但却在公司内四处树敌，对部门发展的长期利益是个损害。

在一个公司里，当年销售业绩比较好，公司决定拿出一笔钱来给各部门发奖金，营销部经理陈述了营销部居功至伟的各种原因，据理力争，认为至少有 60% 的奖金应发给营销部。这件事情被生产、采购、财务、行政等部门的员工得知了，他们心想：“好，一切都是营销部门的功劳，我们加班加点地为营销部门服务难道是理所应当的？我们还那么卖力干什么！”于是在第二个月的时候，公司产品的次品率、报废率、返工率、缺货率都大幅上升，成本增高，效益也就大幅下降了。这就是典型的“贪心捞过界”的内耗例子。

带团队，就要把团队的利益放在第一位，这样才能有威信。但在与利益相关者共享利益时，不能越过利益边界，就要放下贪心，知足常乐。

世人之中贪心者众多，如果你能适时放下贪心，尊重彼此之间的利益边界，就会显得睿智高明。生意人都是以赢利为目的的，赔钱的买卖没人会做。但是华人首富李嘉诚在做生意的时候，会很关心生意对象是否也赚到钱，他说过：“如果一单生意只有自己赚，而对方一点不赚，这样的生意绝对不能干。”李嘉诚的意思是，生意人应该利益均沾，这样才能保持久远的合作关系。相反，光顾一己之利，而无视对方的权益，只能是一锤子买卖，自己将生意做断做绝。他的商业境界实在是太高明了！

放下妒心，它让你走向平庸

美国奥格尔维·马瑟公司总裁奥格尔维在一次董事会上，在每个与会的董事面前都摆了一个相同的玩具娃娃。董事们面面相觑，不知何故。奥格尔维说："大家打开看看吧，那就是你们自己!"于是，他们一一把娃娃打开来看，结果出现的是：大娃娃里有个中娃娃，中娃娃里有个小娃娃。他们继续打开，里面的娃娃一个比一个小。最后，当他们打开最里面的娃娃时，看到了一张奥格尔维题了字的小纸条。纸条上写的是："如果你经常雇用比你弱小的人，将来我们就会变成矮人国，变成一家侏儒公司。相反，如果你每次都雇用比你高大的人，日后我们必定成为一家巨人公司。"前一句话与从大娃娃到中娃娃再到小娃娃的次序吻合，后一句话与小娃娃到中娃娃再到大娃娃的次序吻合，这些聪明的董事一看就明白了。这件事给每位董事留下了很深的印象，在以后的岁月里，他们都尽力聘用有专长的人才。

这个娃娃玩具叫俄罗斯套娃，在普通人眼里是可爱的玩具，但是在团队管理中却是致命的缺陷。这就是管理学界提出的奥格尔维法则："每个人都雇用比我们自己更强的人，我们就能成为巨人公司，如果你所用的人都比你差，那么他们就只能做出比你更差的事情。"

奥格尔维法则蕴含的道理简单明了。在现实中，之所以有很多管理者难以做到，重要的原因是妒贤嫉能。

妒贤嫉能会出现什么可怕的后果呢？ 1958 年，英国历史学家、政治学家西里尔·诺斯古德·帕金森通过长期调查研究，出版了《帕金森定律》一书。他在书中写道：一个不称职的官员，可能有三条出路。第一是申请退职，把位子让给能干的人；第二是让一位能干的人来协助自己工作；第三是任用两个水平比自己更低的人当助手。

这第一条路是万万走不得的，因为那样会丧失许多权力；第二条路也不能走，因为那个能干的人会成为自己的对手，或者更加暴露自己的无能；看来只有第三条路最适宜。于是，两个平庸的助手分担了他的工作，他自己则高高在上发号施令。两个助手无能，也就上行下效，再为自己找两个无能的助手。如此类推，就形成了一个机构臃肿、人浮于事、相互扯皮、效率低下的领导体系。由此得出结论：在行政管理中，行政机构会像金字塔一样不断增多，行政人员会不断膨胀，每个人都很忙，但组织效率越来越低下。这条定律又被称为“金字塔上升”现象。

妒贤嫉能的深层原因是管理者对权力的危机感。对一个甘愿平庸的管理者来讲，这会让他故步自封，在庸庸碌碌中无所作为。但对一个胸怀志向的人来讲，则必须意识到这种心理的恶果，一方面要让自己变得更优秀；另一方面要善于团结和任用优秀的人，共同为团队的成长和成功而努力。

郭广昌作为上海复星集团的董事长,毕业于“什么都没学”的哲学专业,“身无长技”反而给了他最大的“特长”，那就是什么问题都要去请教人，什么事都要找比自己强的专家。对人才具有强大磁力的郭广昌最大的体会是，一定要学会使用比自己强的人。要学会用你的老师——每个比我强的人都是老师；要学会用在某个领域比自己强的人——这些人往往就是专家。企业家经营的过程，其实就是一个不断找老师的过程；复星能够快速发展到今天，也就是老师找得多、找得准。郭广昌明白，能不能找到最好的人、有没有眼光找到最好的人,关系到企业的成败。最大投资失误,不在于一个项目的得失,而在于找错了人。

作为一名领导，要想做到乐于用比自己强的人，就必须克服嫉贤妒能的心理。那些生怕下级比自己强，怕别人超过自己、威胁自己，并采取一切手段压制别人、抬高自己的人，永远不会成为有效的领导者。

在古代，人们向上攀高、翻山越岭、攻城拔寨，用自己的血肉之躯把同伴推上高处，这种集体配合的奉献行为和节操，被概括为“人梯精神”。

人梯精神与妒贤嫉能形成了鲜明的对照，前者是抬高别人成就全体，后者是压制别人牺牲全体。怎么选择，肩负团队成长使命的人需要三思而行。

放下偏心，它必使团队内讧

管理者对下属的态度、奖罚、褒贬，务必做到公平公正、一视同仁，如果把下属分出亲疏远近，偏心偏向，就会造成下属之间的争风吃醋、挑拨离间、钩心斗角，团队内讧的局面很快就会出现。

有一则典故，生动地描述了领导的偏心，导致下属间流血争斗的情景。

春秋时期，齐国有三位著名的勇士：公孙接、田开疆、古冶子。他们人人武艺高强，勇气盖世，为国家立下了赫赫功劳，且三人意气相投，结为异姓兄弟。齐景公对他们都很赏识。

齐国大夫晏子担心这些鲁莽的武夫会形成一股势力，危害齐国的礼仪伦法和长治久安，就把这种担忧禀告给了齐景公。齐景公虽然觉得除去三位勇将未免可惜，可是晏子的话也有道理。

晏子何许人也？灵公，庄公、景公三帝执政期间，他均在齐国为官，是名副其实的“三朝元老”，足智多谋，刚正不阿，为齐国昌盛立下了汗马功劳。因此晏子那时太有权威了，齐景公最后说：“那就请您老人家看着办吧！”

晏子准备停当后，由齐景公宣来三位猛将，说要赏赐他们。三人到了殿前，看见案上的金盘里是两个娇艳欲滴的大桃子。桃子的芳香扑鼻而来，三个勇士顿时垂涎欲滴。

晏子不慌不忙地对他们说：“三位都是国家栋梁、钢铁卫士。这宫廷后院新引进了一棵优良桃树，国君要请你们品尝这一次结的桃子。可是现在熟透的只有两个，就请将军们根据自己的功劳来分这两个桃子吧。”晏子露出一副很为难的样子。

三将中，公孙接抢先发言，讲述了自己勇猛的往事，然后说：“以我的勇猛，难道还得不到一个桃子吗？”说完他上前大大方方取了一个桃子。

田开疆第二个表白，他回忆了自己两次领兵作战的往事，然后说：“我这样子还不配享受一个桃子吗？”他自信地上前取走第二个桃子。

不待古冶子反应过来，桃子就没了，怒火顿时涌上心头，他讲述了自己当年守护国君渡黄河的往事。途中河里窜出一只大鳌，把马车连同国君一起拖入河水中，别人都吓蒙了，唯独他跃入水中与庞大的鳌怪缠斗，直到割下鳌头，国君转危为安。他说：“像我这样，是勇敢不如你们，还是功劳不如你们呢？可是桃子却没了！”

前两人听后，满脸羞愧。说道：“论勇猛，古冶子在水中搏杀半日之久，我们赶不上；论功劳，古冶子护卫国君的安全，我们也不如。可是我们却把桃子先抢夺下来，让真正大功的人一无所有，这是品行的问题啊，暴露了我们的贪婪、无耻。”两人越说越羞愧，相约拔剑自刎而亡！

古冶子看到地上的两具尸体，大惊之余，也开始痛悔：“我们本是朋友，可是一会的工夫，他们死了，我还活着，这就是不仁；我用话语来吹捧自己，羞辱朋友，这是无义；觉得自己做了错事，感到悔恨，却又不敢去死，这是无勇。我这样一个三无的人，还有脸面活在世上吗？”于是他也自刎而死。

区区两个桃子，顷刻间让三位猛将都倒在血泊之中，齐景公也有些伤怀。他下令将他们葬在一起。

这个典故叫“二桃杀三士”，从不同的角度，历来都有不同的说法。从管理的角度来看，是晏子故意制造了一个不公平公正的局面，引起三位勇士先是邀功争赏，后又羞辱对方，最终羞愧自刎。让晏子达到了借刀杀人的目的。

放下偏心偏向，只需三点就能做到：

第一是对下属一视同仁，不分亲疏远近。对亲近者的缺点错误会容忍，碍于情面而不批评指正，于工作不利；分亲疏易形成团伙，于团结不利；分亲疏易影响形象，有损领导者的威信。

第二是处理具体事情的时候，要坚持公平原则，不要厚此薄彼，而要一碗水端平。

第三是在难以公平处理的情境下，应事先说明原因，争取谅解，并提出补偿的方案。例如在“二桃分三士”的局面下，如能提出补偿方案，例如等新的桃子成熟后再分给第三个人，那可能就不会出现邀功争赏流血牺牲的事了。

放下疑心，它必使同伴离散

《列子》中讲了个故事：有人遗失了一把斧头，他怀疑斧头被隔壁的小孩偷走了。于是，他就暗中观察小孩的行动，不论是言语与动作，或是神态与举止，怎么看，他都觉得小孩是像偷斧头的人。由于没有证据，所以也就没有办法揭发。隔了几天，他在后山找到了遗失的斧头，原来是他自己弄丢了斧头。之后，他再去观察隔壁的小孩，不论是言语与动作，或是神态与举止，怎么看，也不像是会偷斧头的人。

在这个"邻人疑斧"的故事中，对邻居小孩的言语与动作，或是神态与举止，当你怀着"疑心"去看，那就像个小偷。当放下疑心去看，就又怎么都不像小偷。

这告诉我们，主观的疑心会遮蔽我们的双眼。如果管理者先入为主地戴着有色眼镜看人，就不可能对人有客观正确的评价。若以小人之心度君子之腹，则更会失去很多优秀的人才。

因此，聪明人带团队的重要心态，就是放下疑心，拾起信任。

在团队中，管理者要关注并培育三个层次的信任。

第一层信任，是团队成员之间的相互信任。《三国演义》中，刘备三顾茅庐邀请诸葛亮加入团队后，关羽和张飞都对这个新来的军师半信半疑，心想这个文弱书生至于让大哥如此言听计从吗。在听从号令上，也多有不服。这时刘备成功发挥了团队领袖的作用，训斥关张不要干扰诸葛亮的工作。诸葛亮专心谋划战事，烧了两把大火，第一把火烧了博望坡，第二把火烧了新野，尤其是后者，烧掉了袁绍苦心经营了八年的地盘。诸葛亮用新野之战的军事胜利，消除了团队伙伴对他的猜疑，奠定了他与刘备团队成员的互信基础。

第二层信任，是团队成员对主管的信任。《三国演义》中，另一著名的谋士徐庶，是刘备和曹操都希望招至幕下的人才。战乱中，徐庶的母亲不幸被曹军掳获，曹操认为借此可邀徐庶加盟，派人伪造其母书信召其去许都。徐庶得知此讯，痛不欲生，立即北上归曹。尽管他有出众的谋略和才华，但既不信服曹操的品德，又不认同曹操的霸业，始终不愿为曹操出谋划策，长期在幕僚团中出工不出力地混日子。

第三层信任，是主管对团队成员的信任。《三国演义》中的三方雄主，无论文韬还是武略，刘备都逊曹操和孙权一筹，可能却能割据一方，形成三足鼎立的局面。关键原因是他有诸葛亮这样的旷世奇才。诸葛亮之所以能为蜀汉刘家鞠躬尽瘁，是因为刘备给予了他无以复加的信任。刘备对诸葛亮的信任，从三顾茅庐开始，到临死托孤结束，始终不渝。而诸葛亮对他的回报就是明知刘禅无能，也要六出祁山，直至北伐途中病死五丈原。

建立这三个层次信任的过程，也是让团队成员彼此之间放下疑心的过程，唯有如此，才能相互协调，相互配合，发挥团队的合力。

放下粗心，它必然功败垂成

海滩上，一只只海鸥从人们头顶掠过，聒噪一番，在每个人身上留下一坨粪便，然后飞走了。企业里，遇到问题时才找员工，留下一堆指责扬长而去，而问题未出现时却从不鼓励和关心员工的经理人，与海鸥们的做法颇为相似，他们被美国管理学家肯·布兰佳称之为“海鸥式经理”。

请你检查下自己，你是“海鸥式经理”吗？您的身边是否存在或您是否就曾经历过“海鸥式经理”？

海鸥式经理是典型的粗放式管理者，他们不明白管理的本质是服务。当下属没有积极性时，要提供激励服务，使其鼓起干劲；当下属不知道怎么干时，要提供培训服务，教他干好工作；当下属不知道什么是“好”时，要提供指导服务，让他知道工作的标准；当下属想以自己的方式完成任务时，要提供沟通服务，让其明白遵守公司规范的意义……

在服务行业中，对一线的员工有这样的服务规范：

微笑多一点，嘴巴甜一点；

说话轻一点，脑筋活一点；

做事多一点，效率高一点；

理由少一点，肚量大一点；

脾气小一点，态度好一点；

心态正一点，关心多一点。

事实上，这样的服务规范，对管理人员同样适用。无论是服务于客户，还是服务于下属，主动、细心、尊重、关心、宽容、认真都是必不可少的。

在世界化工行业，台塑董事长王永庆是一个家喻户晓的传奇式人物，他把台塑集团推进到世界化工工业的前 50 名。如此辉煌的成就，与王永庆善于用人是分不开的。他带出的团队不仅成就了台塑集团，而且在石化、建材、通信、医院等领域都创造了不凡的业绩，被人尊为“台湾经营之神”。

王永庆既大胆授权，让下属放手去干，又追根究底，在关键点上抠得很细。王永庆每天中午都在公司里吃一盒便饭，用餐后便在会议室里召见各事业单位的主管，先听他们的报告，然后会提出很多犀利而又细微的问题。台塑的主管人员最怕这个“午餐汇报”。主管人员为了在“午餐汇报”上不被问倒，每周工作时间不少于 70 小时，他们必须对自己所管辖部门的大事小事了然于胸，对出现的问题作过真正的分析研究，才能够过关。

王永庆总是告诫自己手下的高管：“天下的事情，没有轻轻松松，舒舒服服让你能获得的，凡事一定要经过苦心追求，才能真正明了其中的奥妙而有所收获。”他还说：“一根火柴不够一毛钱，一栋房子价值数百万，但一根火柴可以烧毁一栋房子。”这些淳朴的话语蕴含了深刻的管理智慧，至今仍然是很多管理人员铭刻于心的座右铭。

反观一些经验不足的管理人员，总想通过做一些大事来证明自己的能耐，这是走进了一个误区。《道德经》中说：“天下难事必作于易，天下大事必作于细。是以圣人终不为大，故能成其大。”其中内涵，值得大家细细品味。

Chapter 02

聪明人带团队的 4 个观念

现代管理学之父彼得 · 德鲁克善于通过提问来启人心智。他在一个经理人研修班上提问:“请问你们掌握的最重要的资源是什么? 请写出来交给我”。他收到的答案有金钱、权力、商业机密、客户名单等。

德鲁克指出这些答案都是错的，经理人掌握的最重要的资源是“人”。在公司所有的资源中，唯有“人”这种资源的使用权归经理人所有，其他的资源都是由经理人所管理的人去支配和经营的。

如何看待人、如何看待人与人之间的关系、如何看待人们在一起工作时的行为表现，以及如何看待管理者自身的作用，这些带团队的基本观念，将决定你是否有潜力成为一个聪明的团队管理者。

领导不狠，团队不强

“慈不掌兵”是一句流传甚广的统兵古训，用孙子的话说，就是:“厚而不能使，爱而不能令，乱而不能治，譬若骄子，不可用也”。意思是说:厚待一个人，但却使唤不动他；爱护一个人，但他却不服从指令；看他行动错乱，却纠正不了他；这样的人如同被娇惯坏的孩子，是不能任用的。

可见，管理者不是不能有仁爱之心，而是不宜仁慈过度。如果当严不严、心慈手软、姑息迁就、失之于宽，乃至“不能使”“不能令”“不能治”，那就不可能有效地掌兵带团队了。

很多管理者，都懂得“爱民如子”“爱兵如子”的道理，但是不懂没原则的爱、无底线的爱，最终是一种伤害。

如果你是一名领导，你爱你的伙伴吗？如果真的爱你的伙伴，就考核他，要求他，逼迫他成长，如果你碍于情面，低目标，低要求，养了一群小绵羊，这是对伙伴前途最大的伤害！因为这只会助长他们的贪婪、无知和懒惰。

让下级因为你而成长，因为你而拥有正确的人生观、价值观，并具备了完善的品行，不断地成长，就是领导对伙伴最伟大的爱！制度是绝情的，管理是无情的，执行是合情的。

1990 年，36 岁的董明珠南下广东打工，应聘到当时名为海利空调器厂的格力电器公司，成了一名基层业务员。一开始不知营销为何物，凭借坚毅和“难缠”，连续 40 天追讨前任留下的 42 万元债款，成为营销界茶余饭后的经典故事。

凭着勤奋和诚恳，董明珠连续创造销售神话，并一路担任珠海格力电器公司的经营部部长、销售公司经理、副总经理、总裁，2012 年 5 月，格力电器宣布，公司总裁董明珠正式被任命为格力集团董事长。

有人说董明珠是最狠的上市公司总裁，说“这个女人走过的路不长草”。有人评价她霸道强悍，“六亲不认”。她对此一笑了之。

她说，因为有经销商通过她哥哥找她提货，结果她停了那个经销商的货，因为要创造公平的竞争环境，领导者更不能用权力为自己谋福利。

她说，为了治理公司纪律，绝不允许女员工戴耳环、戴项链、留长发，必须都留短发。作风要统一，不能“一盘散沙”。

她说，管理不狠，团队不稳，领导不狠，团队不强。管理干部是风，员工是草，风往哪吹，草往哪飘。所以没有不好的员工，只有不好的管理干部。

她说，她的价值观不是自己身价多少钱，她没有什么身价，但她的价值在于帮助那么多手下和客户成了千万富翁、亿万富翁。人生的价值不能只看眼前的财富，而是这个社会对你的认可。

重视数字化管理的美国通用电气（GE）公司前总裁杰克·韦尔奇，把“狠”落实成了一套管理方法。这套方法有两个中心思想：（1）业绩“好”是不够的，要做到好中最好，要把成为行业的前两名当成目标，这被称为“数一数二”法则；（2）无论做得多好，都要定期淘汰团队中业绩排名末位 10% 的员工。

1987 年，韦尔奇到 GE 一个主要事业经营地去视察，他告诉负责该事业部的经理：“这个事业部已经经营得相当不错，但我觉得它可以做得更好。”

这位经理问道：“是吗？你可以帮我找到答案吗？看看我们的盈余，看看我们的投资收益率，我已经做到每个经理都想做到的事。你到底要我再做什么呢？”

韦尔奇如实地回答说，“我不知道答案。我唯一知道的是你可以做得更好，我给你一个月的休假，你完全不要想这里的事。你回来后，就想着你是刚被任命为这个事业部的经理，而不是已经担任了 4 年的经理。你以新经理的眼光，重新看看所有的作业流程，尝试不同的方式，以不同的角度去分析事情。”

这位经理仍然不理解韦尔奇的意思，他没能正确理解 GE 追求卓越的价值观的深刻内涵。一个月后他没有做任何改变。一年之后，他被革职了。

做到好中最好的“数一数二”法则，体现了目标制定的“狠”，要实现这样的“狠”目标，就要在团队管理中做到对人的“狠”。

一次，韦尔奇来到纽约第五大道的一家商店买衬衫。在导购员帮助韦尔奇挑选合适尺码的衬衫时，这家商店老板走了过来。这位老板是一位非洲裔年轻人，昨晚刚刚在电视上看到了韦尔奇的访谈节目。他对韦尔奇提出的不断裁掉公司里最差的 10% 员工的观点很感兴趣。

“韦尔奇先生，我能请教您一个问题吗？”这位老板一边礼貌而又神秘地说着，一边带韦尔奇来到一个楼梯口旁的隔间，在那里没人能听到他们的谈话。

“是这样的，韦尔奇先生，我的店里只有 20 名员工，难道我一定要淘汰其中的两位吗？”

“基本上是这样的。如果你想拥有第五大道上最优秀的销售队伍的话。”

让韦尔奇忍俊不禁的是，他的“10%淘汰率”理论反馈来自第五大道的一个服装店老板那里。这也许能够说明“10%淘汰率”还是颇有市场的。

所谓10%淘汰率是韦尔奇寻找了很久才总结出来的一套有效评价组织的方法。每年，韦尔奇都要求每一家GE事业部为他们所有的高层管理人员分类排序，其基本构想就是强迫每个公司的领导对他们的团队进行区分，要求把员工分为A、B、C共3类。

A类——那些能够突出地完成任务，极大发挥自己潜能的人。占20%；

B类——这部分人也能完成任务，但不是那么优秀。占70%；

C类——这部分人完不成任务，潜能远远没有得到开发。占10%。

管理人员必须区分出：在他们的组织中，哪些员工是属于最好的20%，哪些员工是属于中间的70%，哪些员工是属于最差的10%。如果他们的管理团队有20个人，就应知道，20%最好的4个人和10%最差的2个人都是谁——包括姓名、职位和薪金待遇。

像任何其他制度一样，这种制度也有它的缺点。那就是难以执行。每个人都喜欢拥有A类员工，确认和奖励中间70%里的有价值员工也没什么困难。但是，处理表现最差的10%却要艰难得多。新上任的经理第一次确定最差的员工，没什么太大的麻烦。但事情越来越困难。到最后，简直就成了一场“战争”。

他们认为，那些明显最差的员工已经离开了这个团队，就不愿把任何人放到C类里去。他们已经喜欢上了团队里的每一个人，和每一个人都有了感情。到第三年，假如说他们团队有30人的话，对于底部的10%，他们经常左思右想，连一个都确定不出来，更别说三个人了。

经理们会想出各种各样的花招来避免确定这底部最差的10%。有时候，他们把那些当年就要退休或者其他已经被告知要离开公司的人放进来。有些经理甚至干脆把那些已经辞职的人列在最差员工的名单里。

有一家公司的手法可谓是登峰造极，他们把一位在开会前两个多月就已经去世的员工确定为底部的10%。

这是一项很艰难的工作，没有哪个领导人愿意作这种痛苦的决定。很多领导人一直面临着激烈的反对，甚至是来自公司里最优秀员工的反对。韦尔奇亲自努力去解决这个问题，并经常感到内疚，因为自己还不够严厉。对任何一种想逃避的冲动，他都坚决把它压下去。如果一个 GE 的企业领导把分红或股票期权分配方案的推荐意见上交，却没有区分出底部最差的 10%，韦尔奇总是把这些意见全退回去，直到他们真正做出了区分。

有些人认为，把员工中底部的 10% 清除出去是残酷或者野蛮的行径。韦尔奇却不这样认为："事情并非如此，而是恰恰相反。让一个人呆在一个他不能成长和进步的环境里才是真正的野蛮行径或者'假慈悲'。先让一个人等着，什么也不说，直到最后出事，实在不行了，不得不说了，这时候才告诉人家：你走吧，这地方不适合你。而此时他的工作选择机会已经很有限了，而且还要供养孩子上学，还要支付大额的住房贷款。这才是真正的残酷。"

韦尔奇的这个做法并不是没有人道，表面上看很简单，具体做起来很残酷，但它的道理却是比较深刻的：企业要发展，领导如果不用这种严格区分的办法，怎么能让它变成一个全明星团队？①

要想打造雄鹰一样的团队，就必须逼迫你的每一个员工都成长为雄鹰。要做到这一点，领导不狠下心来，团队是无法强大起来的。

90% 靠制度，10% 靠汇报

企业中的人，从基层员工到总裁，无一不是在解决各种问题。解决问题，就需要有解决问题的方案。方案何来？来自于决策。

面对同一个问题，由于每个人的知识、经验、能力有所不同，决策的过程和给出的方案也大相径庭。所以，如果让公司的每个人在面对问题时，都

---

① 资料来源：国家行政学院李雪峰教授的著作《韦尔奇领导艺术与 GE 成功之道》。

按照自己的方式去解决和处理，就会千人千面，让外界觉得公司的管理很不规范。

而且，不同的处理方式，其效果和效率也是不一样的，有的处理方式甚至会给公司带来灾难性的后果。把效能低的处理方式淘汰掉，把效能高的方式选出来付诸实施，这才是合理的做法。

但哪一个处理方式的效能最高呢？基层员工是判断不出来的，即使他有了处理问题的方式，也因为这种迷惑，而不得不向上级请示，上级还有可能向上级的上级请示，如此一来，因请示、汇报、答复、等待而浪费的时间，就可能让问题拖延得不到解决，或者错失了解决问题的最佳时机。

简言之，如何把人们自行解决问题的权力收回来？如何把效能最高的解决方案挑选出来？如何节省请示汇报的时间？这是一连串的 3 个问题。

解决这 3 个问题的方案，就是建立制度和规范，具体讲，是要建立 3 种类型的制度规范：

（1）程序型规范：一系列相关联的顺序步骤，没有灵活性。例如标准作业程序。

（2）规则型规范：告诉员工应该做什么，不应该做什么。例如招待客户的费用单次超出 500 元，应该事先向主管申请。这类规范赋予了员工根据规则自行判断的权力，具有较低的灵活性。

（3）政策型：指明员工思考问题的特定方向。例如“面对顾客投诉时，第一认为顾客是对的，第二如果顾客错了，请坚持第一条”。这条规范，要求员工站在顾客的角度思考问题——“为什么我要投诉”。政策型规范赋予了员工较高的灵活性。

通过系统地建立以上 3 种类型的制度规范，就可以把公司日常运营面临的例常性问题，全部确定出效能最高的解决方式，员工在解决问题时以这些制度规范为依据，保证了决策的质量和标准，也不需要在请示和等待中浪费时间。

如果员工遇到了制度和规范中没有规定的“例外问题”，员工无权自行解决，而应向上级请示汇报。把这一条也要作为制度规范的一部分确定下来。因为“遇到例外问题，怎么办？”，正是一个例常问题，制度对此规定：向上级请示汇报。

由于例常问题占据了日常运营的绝大部分，而例外问题是极少的部分，因而通俗的说法就是“90% 靠制度，10% 靠汇报”。

MUJI 无印良品诞生于 1980 年，是一个日本杂货品牌，在日文中意为无品牌标志的好产品。产品类别以日常用品为主。产品注重纯朴、简洁、环保、以人为本等理念，在包装与产品设计上皆无品牌标志。产品类别从化妆品，文具、食品到家居用品等一应俱全。

一度的危机曾让无印良品在创业之初濒临破产，但这曾经的挫折却让其凤凰涅槃，发展为今天业务覆盖几十个国家、名列全球大品牌的国际化企业。其成功靠的是什么？是制度。

无印良品制定的“指导手册”和“业务标准书”，把工作上会碰到的各种情况都“标准化”。无论是公司的经营、商品的开发、卖场的陈列，还是顾客接待，也都有章可循。光是指导手册目前已累积 2 000 页。无印良品靠累积众人的工作技巧和智慧结晶，无论员工碰到任何问题，就算主管不在场，只要参阅指导手册，就能顺利解决问题，提高团队执行力。

先有价值观，后有凝聚力

如何带出一支无坚不摧的团队？

这个问题，也可以换个角度来思考：团队中的每个人为何要与你一起并肩作战，逢坚而摧？

答案可能是：因为金钱、因为恐惧、因为感情、因为事业、因为理想、因为社会……

你所给出的答案，在一定程度上，反映了你带团队的价值观。

人不同于动物，动物只能被动适应环境，人不仅能认识世界是什么、怎么样和为什么，而且还知道应该做什么、选择什么，发现事物对自己的意义，设计自己，确定并实现奋斗目标。这些都是由每个人的价值观支配的。因此，价值观是人用于区别好坏，分辨是非及其重要性的心理倾向体系，人的需要、动机、愿望等都是受价值观决定、调节和制约的。

人，以群分，以类聚。人们在和与自己有共同价值的人一起工作时，会找到归属感，会倾向于展现自己最优秀的一面，正所谓“志同道合”。因此，在团队管理中，重视价值观的作用，并设法培育之，是非常重要的。

关于价值观的作用，最重要的是培育凝聚力。古人讲：“以利交者，利尽则交疏；以势交者，势倾则交断；以色交者，花落而爱渝；以道交者，天荒而地老。”以“利交”“势交”“色交”，都不如以“道交”，这里的“道”就是价值观，而“交”就是凝聚力。

共同的价值观，可以激发出强大的团队凝聚力，让团队成员自动自发地行动起来，彼此协调和支持，可以完成“比难更难”的任务。为了说明这个结论，让我们来一起学习宝洁巴西公司的一个案例。

宝洁公司的价值观中有一条是“造福于世界”。宝洁巴西公司在 20 世纪 90 年代末，业务濒临绝境，员工甚至担心公司会倒闭。因为宝洁的全球高端产品并不适合当地消费者。当时巴西人口增长速度最快的群体是低收入消费者，这些家庭不是在使用廉价的劣质产品，就是干脆什么都不用。例如，他们仍然用手洗尿布，这种繁重而单调的劳动让一些家庭成员没法出去工作。坚守公司价值观的巴西本地团队觉得，他们没能改善当地人的生活。于是团队成员和这些家庭一起生活，仔细分析宝洁的每道流程，进而开发出一些他们称之为“basico”（在葡萄牙语中是“基本”的意思）的创新型产品，大获成功。团队成员认为，他们不只为公司创造利润，也应思考如何造福于世界。正是这种强烈的价值观，推动各个职能部门之间以及公司和客户之间实现了空前紧密的合作，而客户生活改善所带来的兴奋感，也让他们沉醉不已。

如何培育团队成员的共同价值观呢？

首先，团队价值观并非天生，需要管理人员的灌输与宣传，经过不断地潜移默化后，成员才能逐渐接受并内化为团队共同的价值观。在这个过程中，需要团队领导人的倡导与宣传，以深化对团队价值观的认识。

建筑工地有3组工人在干活，他们都问自己的工长一个问题："我们在干什么？"第一组工长回答："我们正在砌一堵墙。"第二组工长回答："我们正在盖一座大楼。"第三组工长回答："我们正在建造一座城市。"

在这个例子中，第一组的工长是在向成员说明工作任务，第二组工长是在向成员阐明工作目标，第三组的工长是在向成员阐述团队价值观。第三组工长最有潜力带出一支建设美丽城市的卓越团队。

两位妈妈分别带孩子出门，看到一个扫大街的环卫工人因为垃圾桶里的玻璃扎到了手而流血不止。第一位妈妈对孩子说："你要是不努力学习，将来只能和这个人一样扫大街"。第二位妈妈对孩子说："你要努力学习，将来才有能力改变世界，让环卫工人们不用这么辛苦。"第一位妈妈和孩子沟通了一种功利的学习价值观，而第二位妈妈则和孩子沟通了一种为人类创造福祉的学习价值观。两位孩子的前途立现。第一位妈妈将会培养出一个"精致的利己主义者"，而第二位妈妈则有潜力培养出真正的伟大人物。

其次，培育团队价值观，还要健全配套机制，让团队价值观渗透到团队日常经营管理过程中的每一环节。这里的配套机制主要是指制度规范。

从价值观的角度，可以把机制中的制度规范分为两种类型：

第一种类型是操作型规范，它是运用价值观来指导团队成员行为的规范，这类规范是价值观的直接体现。例如某企业的价值观是"高效"，于是在员工的行为规范就规定"当天的工作必须当天完成。"

第二种类型是强化型规范。如果人们遵守操作型规范，却得不到奖励和认可，人们遵守的意愿就会降低；如果有人违反操作型规范而得不到惩罚，那么这种违反行为就会出现和蔓延，从而让价值观成为一种摆设，因而要制定对违反规范行为的惩罚规范。这类奖励和惩罚的规范可以强化人们对组织价值观的接受和遵循，因而是强化型规范。例如某团队的价值观是"一视同仁”，落实到具体问题上，例如开会不能迟到，应该积极参与讨论，就可以制定这样的制度：“无论职位高低，迟到者和沉默者都要站着开会15分钟。”

价值观指向行为规范（操作型），行为规范（强化型）又指向价值观，这就形成了闭合循环。华为创始人任正非在内部讲话中曾说：“华为经历了十年的努力，确立了自己的价值观，这些价值观与企业的行为逐步可以自圆其说了”。自圆其说就是形成了闭合循环。

一旦价值观和行为规范构成了闭合循环，就能自我丰富和完善。任正非对此的比喻是“它将会像江河水一样不断地自我流动，自我优化，不断地丰富与完善管理……不断地流，不断地优化，循环不止，不断升华。这就慢慢地淡化了企业家对它的直线控制（不是指宏观的控制），那么企业家的更替与生命终结，就与企业的命运相分离了。”

有明确的价值主张，并因之形成团队的各类操作型规范和强化型规范，团队价值观建设的步伐就迈开了。

有所为，有所不为

春秋末期，道家学派创始人老子在《道德经》中说：“我无为而民自化，我好静而民自正，我无事而民自富，我无欲而民自朴”“为无为，则无不治”。

老子的思想，在国家治理和管理中，被称为“无为而治”。其精髓，在于“有所为，有所不为。”

汉高祖刘邦创建汉朝后，任命萧何为相国。惠帝二年，萧何去世。曹参接替萧何做相国，天天歇着，表现出很懒散的样子。惠帝对曹参颇为不满，让曹参的儿子曹窋（zhú）带话，责怪相国不治理国事。曹窋回家后转述惠帝的话劝谏曹参。曹参愤怒，用竹板打了曹窋二百下，说：“你赶快入朝侍奉皇帝，天下的事不是你应当谈论的。”到了朝拜时，惠帝责备曹参说：“为什么给曹窋处罚呢？先前是我让他劝谏你的。”曹参摘下帽子谢罪说：“陛下自己考察和高皇帝比哪一个圣明英武？”皇上说：“我怎么敢与先帝比呢！”曹参又说：“陛下看我的能力和萧何比哪一个更强？”皇上说：“你好像赶不上萧何。”曹参说：“陛下说的正确。况且高皇帝和萧何平定天下，法令已经明确，现在陛下垂衣拱手（指无为而治），我这样一类人恪守职责，遵循前代之法不要丢失，不也可以吗？”惠帝觉得言之有理，说：“好，你歇着去吧。”

这个典故叫“萧规曹随”。在一个朝代兴建之初，百废待兴，饱尝战乱之苦的天下百姓需要休养生息，频繁的行政指令和政策更替，都是一种“扰民”。深知此理的曹参认同萧何与高祖定下的法令，让百官践行而不加干预，这就是“有所为，有所不为”。

关于国家治理，老子曾说“治大国若烹小鲜”。古汉语专家有人考证这里的“鲜”是指“鱼”。大家想想怎么煎一条小鱼吧！火太大会糊，火太小会生，铲子翻来翻去，鱼就烂了。这句话更是生动地表现了“有所为，有所不为”的管理思想。

对现代管理者来讲，“有所为，有所不为”的部分要点，已在本章前面3节中，分别交代了，在此做个总结：

（1）用考核体制来淘汰人——领导不狠，员工不强。

（2）用管理制度来规范人——90%靠制度，10%靠汇报。

（3）用价值观来凝聚人——先有价值观，后又凝聚力。

以上3点，可以说是“有所为”。如果做到了“有所为”，就可以“有所不为”。我们来对照学习两个案例。

网上有一则员工抱怨帖，内容是：“我们老板非常讨厌，他喜欢突然出现在你眼前，就为了看你是不是在聊QQ，他还经常在周末的时候，特地去公司翻看我们同事的聊天记录，查看我们有没有说他坏话。更好笑的是，他在查看完我们电脑时，还会把员工设置的桌面背景改成他喜欢的人物。这样的行为非常让我们讨厌，我们总有一种被人监视的感觉，心里非常不爽。”帖子下面有人留言，让他马上离开那样的公司，有那样的老板在，公司是没有发展前途的。但是他回帖道："的确，我们聊 QQ 的时间并不多，老板不让我们闲聊，也不过是为了提高工作效率，可是我们就是不聊 QQ，我宁可坐那儿发会儿呆，那点时间也就过去了。"

另一个案例，来自世界著名的 Google 公司。在 Google 独特的企业制度当中，有一项是：给予员工 20% 的自由时间。Google 董事会在同意这项制度时认为，即使不给员工自由时间，员工也同样会想办法偷懒，与其偷偷摸摸，弄得大家都不开心，何不让员工公开地、自由地支配一段时间呢？更重要的是，20% 的自由时间会使员工的感受完全不同，那不再被定义为 20% 的偷懒时间，让员工感到自己被尊重，感到自己在为兴趣工作。

这个制度让 Google 的员工，感觉自己不像是在一家大公司上班，而更像是在一个大学或研究机构做什么有趣的研究。同样，Google 则可以从这些享受自由的员工大脑中，源源不断地提取新的创意和新的商业计划，这让我们不得不感慨，Google 的做法实在是太聪明了。

Google 公司为何能给员工如此之多的"自由时间"呢？在根本原因上，是这家公司把"有所为"的部分已经做得相当到位了。每个员工的目标是什么、规范是什么、为何而工作、为谁创造、如何评价等，如果这些方面做好了，还何必像第一个案例那样，关心员工在 QQ 上聊什么内容呢？

一言以蔽之，什么都管的管理者，一定什么都管不好。抓住关键，有所管有所不管，才是管理之道。

Chapter 03

聪明人带团队的 6 种技术

在很早之前，人们认为管理是一种天赋，是人与生俱来的神奇能力。而拥有这种天赋的人，也自我陶醉于这种“神话”中。

到了 20 世纪初期，美国的泰勒等人通过运用工程学、会计学、动作研究等手段，提出了一系列提高组织效能的方法，认为这些方法是人人都可以学习掌握的，并对各类组织都适用。

当时美国的西部铁路公司出现亏损，打算提高运费价格，这要获得听证会的同意才能生效。在万众瞩目的听证会上，泰勒阐述了自己的管理方法，认为西部铁路公司如果能用这些管理方法改善管理，就能大幅度降低成本，在运费价格维持不变的情况下，实现盈利。

这个著名的事件吸引了更多的人投入到研究管理、学习管理的活动中，掀起了一场轰轰烈烈的“科学管理运动”。

在今天，“管理是科学”“管理是技术”的理念，早已深入人心。而且，100 多年来，随着管理学科的蓬勃发展，管理技术和流派也层出不穷。如何有选择地加以学习和应用，又成了一个新的问题。

本章从带团队的角度出发，选取 6 种管理技术，分别解决人事、决策、战略、教练、流程、计划和实施等具体问题。

工作分析：明确团队的人才标准

“工作分析”也称为“职务分析”，简单地讲，就是要通过一系列科学的方法，把公司的工作内容和职位对员工的素质要求弄明白。专业的描述是这样的：职务分析是指通过观察和研究，确定关于某种特定的性质的确切情报和（向上级）报告的一种程序。

人力资源管理专家提出了一个非常容易记忆的 6W1H 职务分析公式，从 7 个方面对职务进行分析：

Who：谁来完成这项职务？

For Who：他在为谁服务？他受谁领导？他的工作关系和客户关系是怎样的？

What：这项职务具体做什么事情？做这些事情的人要具备什么素质和技能？

When：职务工作时间的安排？

Where：职务工作地点在哪里？

Why：为什么要安排这个职务？

How：他是如何履行职务的？

职务分析是单位领导确定人才选择标准的最基本的工具。职务分析的最终成果是产生两个文件：职务描述和职务资格要求。职务描述规定了对“事”的要求，如任务、责任、职责等；职务资格要求规定了对“人”的要求，如知识、技术、能力、职业素质等。

具体地讲，职务分析有如下几个方面的意义：

第一，招聘：为应聘者提供了真实的、可靠的需求职位的工作职责、工作内容、工作要求和人员的资格要求；

第二，选择：为选拔应聘者提供了客观的选择依据，提高了选择的信度和效度，降低了人力资源选择成本；

第三，绩效考评：为绩效考评标准的建立和考评的实施提供了依据，使员工明确了公司对其工作的要求目标，从而减少了因考评引起的员工冲突；

第四，薪酬管理：明确了工作的价值，为工资的发放提供了可参考的标准，保证了薪酬的内部公平，减少了员工间的不公平感；

第五，管理关系：明确了上级与下级的隶属关系，明晰了工作流程，为提高职务效率提供了保障；

第六，员工发展：使员工清楚了工作的发展方向，便于员工制定自己的职业发展计划。

在公司新成立的时候：对于新成立的公司要进行职务分析，这样可以为后续的领导工作打下基础。单位新成立时，职务分析最迫切的用途是在人员招聘方面。

由于很多职位还是空缺，所以职务分析应该通过公司的组织结构、经营发展计划等信息来进行，制定一个粗略的职务分析。职务分析的结果只要满足能够提供招聘人员的“职位职责”和“任职资格”即可。更为详细的职务分析可以在公司稳定运作一段时间之后进行。

职位有变动时：当职位的工作内容等因素有所变动时，应该对该职位的变动部分重新进行职务分析。职位变动一般包括职责变更、职位信息的输入或输出变更、对职位人员任职资格要求变更等。在职位变更时，要及时进行职务分析，以保证职务分析成果信息的有效性和准确性。要注意的是，在职位变动时，往往并不是一个职位发生改变，而是与之相关联的其他职位也会发生相应的改变。在进行职务分析时，一定要注意上述问题，不能漏掉任何一个职位，否则很可能会使职务分析出现矛盾的结果。

在进行职务分析时，可以采取以下几种方法：

首先是观察法。观察法是指职务分析人员通过对员工正常工作的状态进行观察，获取工作信息，并通过对信息进行比较、分析、汇总等方式，得出职务分析成果的方法。观察法适用于体力工作者和事务性工作者，如搬运员、操作员、文秘等。

由于不同的观察对象的工作周期和工作突发性有所不同，所以观察法具体可分为直接观察法、阶段观察法和工作表演法。

其中职务分析人员直接对员工工作的全过程进行观察的方法叫作直接观察法。直接观察适用于工作周期很短的职务。如保洁员，其工作基本上是以一天为一个周期，职务分析人员可以一整天跟随着保洁员进行直接工作观察。

有些员工的工作具有较长的周期性，为了能完整地观察到员工的所有工作，必须分阶段进行观察，叫作阶段观察法。比如行政文员，他需要在每年年终时筹备单位总结表彰大会。职务分析人员就必须在年终时再对该职务进行观察。有时由于时间阶段跨度太长，职务分析工作无法拖延很长时间，这时采用“工作表演法”更为合适。

对于工作周期很长和突发性事件较多的工作进行观察的方法叫作工作表演法。如保安工作，除了有正常的工作程序以外，还有很多突发事件需要处理，如盘问可疑人员等，职务分析人员可以让保安人员表演盘问的过程，来进行该项工作的观察。

其次是问卷调查法。职务分析人员首先要拟订一套切实可行、内容丰富的问卷，然后由员工进行填写。问卷法适用于脑力工作者、管理工作者或工作不确定因素很大的员工，比如软件设计人员、行政领导者等。问卷法比观察法更便于统计和分析。要注意的是，调查问卷的设计直接关系着问卷调查的成败，所以问卷一定要设计得完整、科学、合理。

最后是面谈法，也称采访法。它是通过职务分析人员与员工面对面的谈话来收集职务信息资料的方法。在面谈之前，职务分析人员应该备好面谈问题提纲，一般在面谈时能够按照预定的计划进行。面谈法对职务分析人员的语言表达能力和逻辑思维能力有较高的要求。职务分析人员要能够控制住谈话的局面，既要防止谈话跑题，又要使谈话对象能够无所顾忌地侃侃而谈。职务分析人员要及时准确地做好谈话记录，并且避免使谈话对象对记录产生顾忌。面谈法适合于脑力职务者，如开发人员、设计人员、高层领导等。

头脑风暴：集思广益的科学方法

“倘若你有一个苹果，我也有一个苹果，而我们彼此交换这些苹果，那么，你和我仍然是只有一个苹果。但是，倘若你有一种思想，我也有一种思想，而我们彼此交流这种思想，那么，我们每个人将各有两种思想。”

品味萧伯纳的名言，人们有何感想？

开会是一种集思广益的办法，但并不是所有形式的会都能达到让人敞开思想、畅所欲言的效果。美国创造学家A．F·奥斯本提出：“让头脑卷起风暴，在智力激励中开展创造！”同时他还提出了一套能有效地实现信息刺激和信息增值的操作规程，被称为头脑风暴会议。

有一年，美国北方格外严寒，大雪纷飞，电线上积满冰雪，大跨度的电线常被积雪压断，严重影响通讯。

过去，许多人试图解决这一问题，但都未能如愿以偿。后来，电讯公司经理应用奥斯本发明的头脑风暴法，尝试解决这一难题。他召开了一种能让头脑卷起风暴的座谈会，参加会议的是不同专业的技术人员，要求他们必须遵守以下4项基本原则：

第一，自由思考。即要求与会者尽可能解放思想，无拘无束地思考问题并畅所欲言，不必顾虑自己的想法或说法是否“离经叛道”或“荒唐可笑”；

第二，延迟评判。即要求与会者在会上不要对他人的设想评头论足，不要发表“这主意好极了！”“这种想法太离谱了！”之类的“捧杀句”或“扼杀句”。至于对设想的评判，留在会后组织专人考虑；

第三，以量求质。即鼓励与会者尽可能多地提出设想，以大量的设想来保证质量较高的设想的存在；

第四，结合改善。即鼓励与会者积极进行智力互补，在增加自己提出的设想的同时，注意思考如何把两个或更多的设想结合成另一个更完善的设想。

按照这种会议规则，大家七嘴八舌地议论开来。

有人提出设计一种专用的电线清雪机；有人想到用电热来化解冰雪；也有人建议用振荡技术来清除积雪；还有人提出能否带上几把大扫帚，乘坐直升机去扫电线上的积雪。对于这种“坐飞机扫雪”的设想，大家心里尽管觉得滑稽可笑，但在会上也无人提出批评。相反，有一工程师在百思不得其解时，听到用飞机扫雪的想法后，突然得到启发，于是一种简单可行且高效率的清雪方法冒了出来。他想，每当大雪过后，出动直升机沿积雪严重的电线飞行，依靠高速旋转的螺旋桨即可将电线上的积雪迅速扇落。他马上提出“用直升机扇雪”的新设想，顿时又引起其他与会者的联想，有关用飞机除雪的主意一下子又多了七八条。不到 1 小时，与会的 10 名技术人员共提出 90 多条新设想。

会后，公司组织专家对设想进行分类论证。专家们认为设计专用清雪机，采用电热或电磁振荡等方法清除电线上的积雪，在技术上虽然可行，但研制费用大、周期长，一时难以见效。那种由“坐飞机扫雪”激发出来的几种设想，倒是一种大胆的新方案，如果可行，将是一种既简单又高效的好办法。经过现场试验，发现用直升机扇雪真能奏效，一个久悬未决的难题，终于在头脑风暴会中得到了巧妙的解决。

从上例可见，所谓头脑风暴会，实际上是一种智力激励法。这种方法的英文表达是 brain storming，奥斯本借用这个词来形容会议的特点是让与会者敞开思想，使各种设想在相互碰撞中激起脑海的创造性“风暴”。

奥斯本在发明“头脑风暴”这种集思广益的创造技法后，马上在美国得到推广，日本人也相继效法，使企业的发明创造与合理化建议活动硕果累累。如今，头脑风暴已经成为很多公司和政府机构最为常用的集思广益方法，没有之一。

SWOT 分析：研究内外的工作态势

SWOT 分析法又称为态势分析法，它是由旧金山大学的管理学教授于 20 世纪 60 年代提出来的，是一种能够较客观而准确地分析和研究一个单位现实情况的方法。SWOT 分别代表：strengths（优势）、weaknesses（劣势）、opportunities(机遇)、threats（威胁）。

SWOT 分析通过对优势、劣势、机会和威胁的加以综合评估与分析得出结论，然后再调整企业资源及企业策略，来达成企业的目标。

SWOT 分析已逐渐被许多企业运用到包括：战略管理、人力资源、产品研发、采购策略、分销策略等各个方面。

进行 SWOT 分析时，主要有以下几个方面的内容：

1. 分析外部环境和内部资源

运用各种调查研究方法，分析出公司所处的各种环境因素，即外部环境因素和内部能力因素。外部环境因素包括机会因素和威胁因素，它们是外部环境对公司的发展直接有影响的有利和不利因素，属于客观因素，内部环境因素包括优势因素和弱点因素，它们是公司在其发展中自身存在的积极和消极因素，属主动因素，在调查分析这些因素时，不仅要考虑到历史与现状，而且更要考虑未来发展问题。

2. 构造 SWOT 矩阵

将调查得出的各种因素根据轻重缓急或影响程度等排序方式，构造 SWOT 矩阵。在此过程中，将那些对公司发展有直接的、重要的、大量的、迫切的、久远的影响因素优先排列出来，而将那些间接的、次要的、少许的、不急的、短暂的影响因素排列在后面。

3. 制定行动计划

在完成环境因素分析和 SWOT 矩阵的构造后，便可以制定出相应的行动计划。制定计划的基本思路是：发挥优势因素，克服弱点因素，利用机会因素，化解威胁因素；考虑过去，立足当前，着眼未来。运用系统分析的综合分析方法，将排列与考虑的各种环境因素相互匹配起来加以组合，得出一系列公司未来发展的可选择对策。

在制定行动计划时，可以使用 USED 技巧来帮助你。

USED 是下列 4 个方向的英文缩写：

Use：如何善用每个优势？

Stop：如何停止每个劣势？

Exploit：如何成就每个机会？

Defend：如何抵御每个威胁？

SWOT 分析在最理想的状态下，是由各专业人士共同参与完成的，例如在制定销售方案时，可以邀请一位会计相关人员、一位销售人员、一位经理级主管、一位工程师和一位项目管理高手来共同参与分析。

教练技术：成就明星团队的领导艺术

很多管理者很困惑，我在处处传帮带呀，为什么部下的效率却越来越差。需要管理者反省的是，你的示范是否已经演变成了事必躬亲，并且处处按照自己的操作过程来要求你的每一个下属。倘若如此，时间长了，什么事情你都干了，下属自然轻松地等着你来干。

洛杉矶湖人队前教练派特雷利在湖人队最低潮时，告诉球队的 12 名队员：“今年我们只要每人比去年进步 1% 就好，有没有问题？”

球员们一听：“才 1%，太容易了！”于是，在罚球、抢篮板、助攻、拦截、防守 5 方面，每人都各进步了 1%。结果，那一年湖人队获得了冠军，而且夺冠的过程很轻松。

派特雷利的聪明之处在于引导自己的成员和团队积极的进步，而并非自己处处示范，这是一种可以应用在管理之中的教练技术。

1971 年，美国加利福尼亚州中西部自由艺术学院的创始人之一添·高威在暑期开设了网球和滑雪训练课程。他除了亲自授课外还分别聘请了几名网球和滑雪教练来授课。当时，碰巧有名网球教练因故不能授课，而此时许多付费学员都在等待教练，添·高威于是决定临时调用一名滑雪教练来教打网球。

完全不会打网球的这位滑雪教练提出自己难以胜任，添·高威对滑雪教练说："你只要教他们把注意的焦点集中在网球上，千万不要给他们做示范动作。"滑雪教练依计行事。

一个月后，添·高威惊奇地发现滑雪教练教授的学员普遍比正式的网球教练所教授的学员进步快。添·高威于是对这个有趣的现象进行了一番深入的研究，他发现：传统的网球教练训练的主要方式是教练做示范动作，学员模仿动作，教练纠正学员的错误。很多学员把注意力都集中在自己的动作是否规范上了，而当球飞过来时手忙脚乱。

滑雪教练因不会打网球，所以无法做示范，只好要求学员把注意力集中在网球上，而对学员击球的动作没有特别的规定，同时对学员提出一些开放式的问题，诸如："你的身体如何调整才能接住飞来的网球呢？"。由于学员把注意力集中在网球上而不是自己的动作是否标准上，他们竟然自动对自己的动作进行了调整，接住了飞过来的网球。

事实上，当教练发现学员的错误并提出建议来纠正他的时候，学员的表现反而降低，假如他放松，脑海里有了优良表现的想象，身体有了感觉，那么他的表现就会改善。在没有意识到自己有问题的情况下不自觉地改正了错误。

后来，添·高威对外界宣称，他可以让一个完全不会打网球的人在 20 分钟内学会基本熟练地打球。

此事引起了美国 ABC 电视台的兴趣，他们决定派记者现场采访。添·高威找到一个体形很胖的，从未打过网球的女人。他让这个女人不必计较用什么姿势击球，只需把焦点放在网球上（这就是他所说的注意力集中法）。当网球从地面弹起时，先叫一起"打"，然后挥拍击打网球。添·高威解释说：我并没有教她打网球的技巧，我只是帮助她克服了自己不会打球的固有信念，她的心态经历了"不会"到"会"转变。就是这么简单！

这个过程在电视上播放之后，引起了 AT&T 高层管理者的兴趣。他们把添·高威请到公司来给高级经理们讲课。在授课过程中，经理们不停地在笔记本上记录着。下课后，添·高威发现他们的笔记本上找不到和网球有关的字眼，反而满篇都是企业管理的内容。原来，AT&T 的管理者们已经将运动场上的教练方式转移到企业管理上来。于是，一种崭新的管理技术——教练技术诞生了。

此后，添·高威也从体育领域进入到管理领域而成了一位企业教练。据此，添·高威写了一本《网球的内在竞赛》并很快成为炙手可热的畅销书。

内在竞赛是指学员内心的竞赛，它的对手是诸如注意力不集中、紧张、自我怀疑及自责等障碍。简而言之，内在竞赛的目的是帮助学员克服导致表现欠佳的所有思维定式。

接着他又出版了一系列畅销书籍，其中提出了在不同领域改善个人及专业表现的一种新的方式，因此他被认为是世界上最早思考学习与教练的人之一。

目前，教练技术随着被 AT&T、IBM、通用电器、苹果电脑、可口可乐、南加州大学、福特、日本丰田等巨型企业的导入，而迅速风行欧美。

教练技术认为，大部分时候，最好的答案早已潜藏在当事人的心中，只是当局者迷，暂时没有发现而已。每个人解决问题的方法都来自于问题本身。教练是没有既定答案的，所做的是引导当事人了解自己的真实情况，从中发现属于自己的答案。应用教练技术的管理者应相信：若一个人有能力为自己制造问题，他也一定有能力解决问题。

当管理者停止教别人时，他就开始学习了；当一个人开始独立学习时，意味着生命开始真正的成长。正如添·高威所说：“如果要当事人学得最多，教练就要教得最少。”

传统的管理技术，可以推动员工行为方法的改进与能力的提升，而教练技术会引发员工智慧的成长。这就像篮球教练成就了乔丹、高尔夫教练成就了老虎·伍兹一样，管理者可以培养出一个又一个比自己优秀得多的下属，而这真正诠释了管理的真谛。

关于教练式管理，杰克·韦尔奇说：“我只想做一名企业教练。”“我想提醒你们我观念中的领导艺术是什么，它只跟人有关。没有最好的运动员你就不会有最好的球队，企业队伍也是如此。最好的领导人实际上是教练！”“一个经理人要有一颗更开放的心，过去人们总是认为经理人理当比属下知道得多一些，这种老观念已经不合时宜了。未来的领导者是提出问题、加以讨论、然后解决它们。他们依赖的是互信而非控制，因此管理人要做的是真诚坦率的沟通，领导人要成为部属的教练而非牵绊者。”

教练技术的应用要点，可以总结如下：

（1）平等关系基础上的领导力。教练技术发展出的新型领导力，要求管理者把自己看作是一名教练而不是单纯的领导。教练与队员之间的关系，可以通过组织正式指定或企业领导运用教练术指导队员的行动，但不明确地规定这种正式关系。但这种新型的关系不是建立在传统的师傅在上、徒弟在下的基础上，而是基于平等的关系。

第一，对队员所面临的问题，虽然教练因拥有丰富经验而可能比队员对该问题的性质及其解决方案知道得更多，但教练与队员有同等的发言权。

第二，教练要主动地表明自己也会犯错误，绝不是先知先觉，从而拉近教练与队员之间的心理距离。

第三,在帮助队员提高的过程中教练自己也经历了一个学习提高的过程，双方都能从中获益。

因此，从领导关系上看，教练与队员之间的关系可以是正式的或非正式的,但这种关系一定要是平等的。教练就必须以平等的姿态参与对问题的研究，以发现解决问题的方法。

（2）支持团队成员打破知障，拓宽思维，提升企业管理干部及团队的素质。正如开车走盘山道，需要转弯处的镜子指明前进的路况，每个人在工作中也都会存在迷茫、困惑的时候。成功的教练型领导会起到镜子的作用，能够支持员工看清自己的现状，看到盲点，少走弯路；辨清方向，走得更快，更便捷地实现目标。

（3）支持团队成员看到盲点的同时也看到更多的优点，从而发挥优势，发现并挖掘资源，实现企业目标。

（4）帮助企业创建“学习型组织”。因为教练技术是帮助企业系统思考、改善企业团队及个人心智模式 的有效工具。

（5）企业可以应用教练技术原理制定企业的愿景，通过愿景诱发潜藏于每一个员工心目中积极上进、想要做得更好的根本动因。

教练技术认为：任何人做任何事都是为了满足自己内心的深层需要，而愿景能调动潜意识中为自己带来好处的根本动因，从而引发行动。因此，愿景管理能够调动每一个员工的积极性。

（6）教练型领导能造就更多的领导者，就如体育场上的教练能培养出更多比自己优秀的冠军、优秀的运动员一样。体育教练能帮助运动员取得赛场的金牌，而教练型领导能支持企业员工在激烈竞争的商界中为自己和企业取得一枚又一枚商业金牌。正如同高明的企业家是借力高手、资源整合高手一样，成功的教练型领导更善于引发员工智慧，充分调动员工的积极性，让员工在前台充分展现自我才能，将自我价值的实现与企业目标的实现有机结合。

目标管理：设定 SMART 目标的方法

“目标管理”的概念是彼得·德鲁克 1954 年在其名著《管理实践》中最先提出的，其后，他又提出“目标管理和自我控制”的主张。

彼得·德鲁克认为，并不是有了工作才有目标，而是相反，有了目标才能确定每个人的工作。所以“企业的使命和任务，必须转化为目标”。如果一个领域没有目标，这个领域的工作必然被忽视。因此管理者应该通过目标对下级进行管理，当组织最高层管理者确定了组织目标后，必须对其进行有效分解，转变成各个部门以及各个人的分目标，管理者根据分目标的完成情况对下级进行考核、评价和奖惩。

目标管理提出以后，便在美国迅速流传。时值第二次世界大战后西方经济由恢复转向迅速发展的时期，企业急需采用新的方法调动员工积极性以提高竞争能力，目标管理的出现可谓应运而生，遂被广泛应用，并很快为日本、西欧国家的企业所仿效，在世界管理界大行其道。

目标管理的具体形式各种各样，但其基本内容是一样的。所谓目标管理是一种程序或过程，它使组织中的上级和下级一起协商，根据组织的使命确定一定时期内组织的总目标，由此决定上、下级的责任和分目标，并把这些目标作为组织经营、评估和奖励每个单位和个人贡献的标准。

目标管理的具体做法分 3 个阶段：第一阶段为目标的设置；第二阶段为实现目标过程的管理；第三阶段为测定与评价所取得的成果。

制定目标看似一件简单的事情，每个人都有过制定目标的经历，但是如果上升到技术的层面，管理人员必须学习并掌握设置目标的 SMART 原则。

所谓 SMART 原则，即是：

Specific：目标必须是具体的；

Measurable：目标必须是可以衡量的；

Attainable：目标必须是可以达到的；

Relevant：目标必须和其他目标具有相关性；

Time-based：目标必须具有明确的截止期限。

无论是制定团队的工作目标还是员工的个人目标都必须符合上述原则，5 个原则缺一不可。

1. Specific：目标必须是具体的，反对笼统含糊的目标

团队不成功的重要原因之一是目标定得模棱两可，或没有将目标有效地传达给相关成员。

请读者朋友思考一下，以下的目标是不是好目标？

每个助理都要有营销意识。

这个季度我们要全力以赴。

你负责把这个项目剩余的问题解决了。

这个月重点在各大论坛发帖子。

上述目标都不是恰当的目标，因为黑体的文字让目标变得含混不清。例如“每个助理都要有营销意识”，这种对目标的描述就很不明确，因为增强

营销意识有许多具体做法，如市场调查、提供优质服务、减少客户投诉、消除品牌负面消息传播等，甚至名片上要放 QQ 号码、打电话要使用礼貌用语等也属于营销意识的范畴。当助理不明白“营销意识”具体是什么含义的时候，他就没法确定自己的工作，为了掩盖自己的懵懂无知，他会按照自己的理解去做一些有用或没用的事情来应付目标的完成。

“全力以赴”更是目标描述中常见的错误用语。

一个父亲带孩子去田间劳动，让孩子把田里的一块石头搬到地外去，孩子用双手试了试，说搬不动。父亲说你要尽全力才行，孩子使全力又试了试，石头依然纹丝不动，孩子说我尽力了还是搬不动，我不搬了。父亲说你找根棍子试一试，孩子找根棍子把石头撬动了一半，然后沮丧地坐在地上，说我已经全力以赴了，我搬不动，我再也不搬了，父亲说，你还没有尽力，至少你还没有花力气来寻找我的帮助。

这个故事很形象地刻画了职场中的情形。如果你不能给下属制定出具体而清晰的目标，只是要求下属全力以赴，那么很可能的结果是，下属遇到困难就放弃，而放弃的理由却无可挑剔，因为“我已经尽力了”。

具体的目标好处多多，而模糊的目标坏处多多。具体内容如表 3-1 所示。

表 3–1　　具体目标的好处与模糊目标的坏处

具体的目标带来的好处	模糊的目标带来的坏处
相互理解彼此的期望，消除误会	彼此不理解，工作中会产生猜测、狐疑和误会
具体的目标给人指明行动的方向，可以带来你想要的结果和行动	别人会做你不希望做的事情，因为他不知道你到底想要什么。不能知道人的行为
责任清晰	责任不清

2. Measurable：目标必须是可以衡量的，可量化、可检查、易判断

管理格言说：“你衡量什么，你就得到什么”。

不可衡量的目标，意味着无法检查效果，无法干预和奖惩，也无法得到你想要的结果。

你从以下的对话中发现了什么问题？

领导问：“你这个月工作干得怎么样？”

下属答：“还不错。”

领导问：“你为什么觉得你做得还不错？”

下属答：“因为我做了……遇到了很多的困难，通过我的努力克服了他们。”

上述对话的汇报逻辑是这样的：我做了些什么事、有些什么困难、付出了多少努力等等。

而在现代组织管理中，逻辑应该是反过来的，下属应该汇报的是：我的目标是什么，达成了百分之多少，还有多少差距，打算用什么样的行动减少这些差距。

上述对话看似是汇报的逻辑问题，其实反映的是目标制定方式的落后和粗放，改善的方向是学会使用量化目标和用数据说话。

3. Attainable：目标必须是有难度的，但也必须是可以达到的

目标必须是通过努力可以实现的，如果一个人怎么努力也实现不了目标，那他就只能放弃。但是目标也不是越简单越好，因为简单的目标无法激发人的潜能。因此，目标要困难到足以激发人的潜能，但又不能让人感到不可企及。

管理者的职责就在于：让人相信看上去不可企及的目标，其实是可以实现的。要做到这一点，管理者必须做好 3 件事：设计目标台阶、教练和鼓舞。

设定目标就好像在树上挂苹果。把苹果挂在人一张嘴就能吃到的高度，是不合适的，因为这没有激发人的任何潜能；为了激发人跳跃的潜能，可以把苹果挂在跳起来可以摘到的高度；如果把苹果挂在跳起来也摘不到的位置，人就不会跳起来了，但实际假设这个高不可及的苹果必须要摘下来，怎么办呢？这个时候管理者就必须教会下属通过助跑跳高的技术。如果把苹果挂在助跑也摘不到的位置呢？这个时候管理者要教会下属撑竿跳高的技术。

这个例子中，苹果的不同高度代表的就是目标的台阶，管理者教会下属跳跃技术、助跑跳高技术、撑竿跳高技术，就是在做培训下属的教练工作，而不断给予下属超越自我勇气的工作，就是管理者的士气鼓舞艺术。

4. Relevant：目标必须和其他目标具有相关性，尤其是与最终目标具有相关性

目标不是独立存在的，而必须与组织内的其他各种目标具有相关性，这种相关性有以下各种内涵：

周期相关：周目标需与月目标相关，月目标需与季目标相关，季目标需与年目标相关。

垂直相关：团队成员目标需与团队领导目标相关。

水平相关：团队成员之间的目标需有相关性。例如团队成员承担不同目标的工作量都要达到基本饱和为最佳，因为劳逸不均的目标分配是其他团队成员不能接受的。

技能相关：目标的实现要尽可能与成员的长处相关："用人之长，容人之短"。

责权利相关：目标对最终目标的贡献要与利益分配相关。

在管理实践中，不仅要设定目标之间的相关性，而且还应该把这种相关性告诉给执行目标的人，其中的原因可以用心理学中的"信息激发责任"原理来解释。该原理发现：人一旦知道自己很重要，就会产生更多的责任感。正所谓"能力越大，责任越大"。假如你知道你是来自伽马星球的超人，我想你也会产生拯救世界的责任感。

因此，要经常告诉团队成员，其目标与其他目标的相关性，要让他知道其目标对团队其他成员目标的实现以及与最终目标实现之间的关系和重要性。

5. Time-based：目标必须具有明确的截止期限

没有时间限制的目标没有办法考核，或带来考核的不公。

如果没有时间限制，上下级之间对目标轻重缓急的认识程度就会不同，团队领导着急，但团队成员不知道。到头来领导可以暴跳如雷，而团队成员觉得自己很委屈、很无辜。

如果一个目标需要较长时间才能完成，那么应该增设细化出阶段性的时间目标，在过程中予以检查和处理。

PDCA 循环：团队管理的工作程序

PDCA 循环又叫质量管理环，是管理学中的一个通用模型，最早由休哈特（Walter A. Shewhart）于 1930 年构想，后来被美国质量管理专家戴明（Edwards Deming）博士在 1950 年再度挖掘出来，并加以广泛宣传和运用于持续改善管理活动质量的过程中。

PDCA 循环是能使任何一项活动有效进行的一种合乎逻辑的工作程序，P、D、C、A 这 4 个英文字母所代表的意义如下：

P（Plan）——计划。包括方针和目标的确定以及活动计划的制定。

D（DO）——执行。执行就是具体运作，实现计划中的内容。

C（Check）——检查。就是要总结执行计划的结果，分清哪些对了，哪些错了，明确效果，找出问题。

A（Action）——处理。对检查的结果进行处理，认可或否定。成功的经验要加以肯定，或者模式化或者标准化以适当推广；失败的教训要加以总结，以免重现；将这一轮未解决的问题放到下一个 PDCA 循环。如图 3-1 所示。

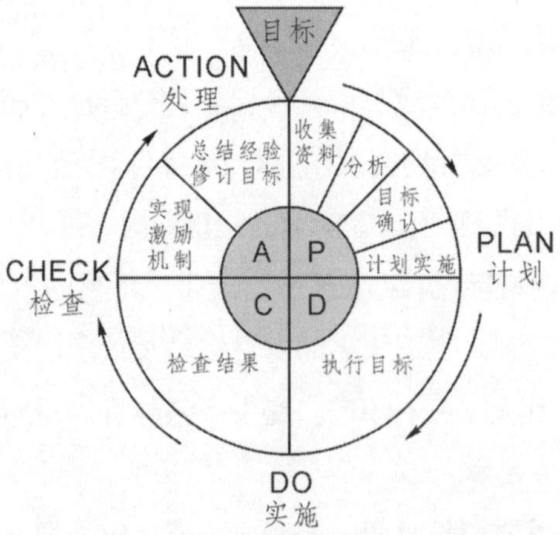

图 3–1　PDCA 循环的 4 个步骤

PDCA 循环，可以使管理人员的思想方法和工作步骤更加条理化、系统化、图象化和科学化。它具有如下特点：

1. 大环套小环，小环保大环，推动大循环

PDCA 循环作为管理活动通用模型，不仅适用于整个工程项目，也适应于整个企业和企业内的部门、科室、工段、班组以至个人。各级部门根据企业的方针目标，都有自己的 PDCA 循环，层层循环，形成大环套小环，小环里面又套更小的环。大环是小环的母体和依据，小环是大环的分解和保证。各级部门的小环都围绕着企业的总目标朝着同一方向转动。通过循环把企业上下或工程项目的各项工作有机地联系起来，彼此协同，互相促进。如图 3-2 所示：

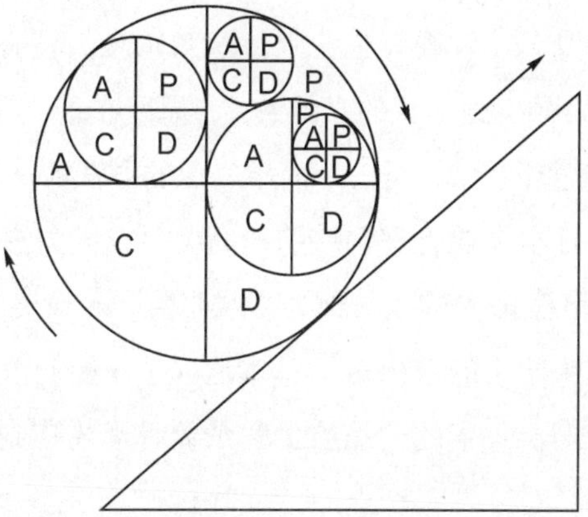

图 3–2　大环套小环，小环保大环，整体改善，推动大循环

2. 新环带旧环，持续改善，不断向前循环

PDCA 循环就像爬楼梯一样，一个循环运转结束，工作的质量就会提高一步，然后再制定下一个新的循环，再运转、再提高，不断前进，不断提高。因此，PDCA 循环可以实现一种持续的改善和上升。PDCA 循环不是在同一水平上循环，每循环一次，就解决一部分问题，取得一部分成果，工作就前进一步，水平就进步一步。每通过一次 PDCA 循环，都要进行总结，提出新

目标，再进行第二次 PDCA 循环，使管理工作的车轮滚滚向前，持续改善。如图 3-3 所示。

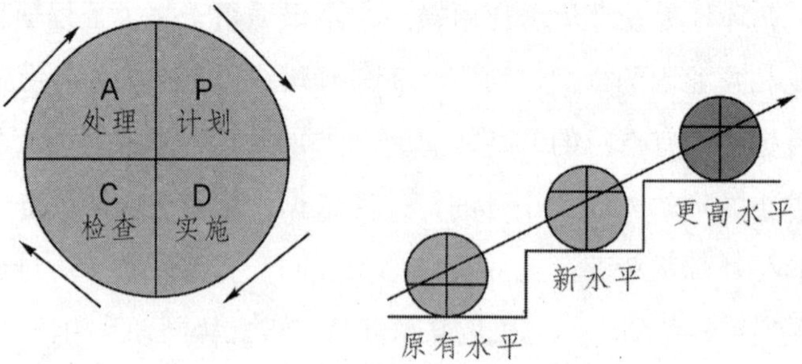

图 3–3　新环带旧环，持续改善，不断向前循环

在日本的丰田汽车、软银等企业中，以 PDCA 为核心内容的管理培训和资格证书，是员工第一次当主管的必备条件。原因在于，对基层管理者而言，学习管理从 PDCA 循环开始，是一个简单实用的方法。

顺便提一句，日本企业管理领域的最高奖是以大力提倡 PDCA 的管理学家爱德华·戴明的名字命名的，被称为“戴明奖”。该奖项始创于 1951 年，日本企业界认为戴明博士的教诲帮助日本建立了一个科学可靠的管理基础，正是在这个基础之上，日本的产品质量和企业管理才达到了今天这样被世界广泛承认的水平。

Chapter 04

如何聪明地选聘员工

找对人才能做对事。打造一个成功团队的关键一步，就是选聘和招募团队成员。

对此，有 3 种典型的思路：第 1 种是招募全明星队员，也就是用一流的薪水选聘一流的团队成员；第 2 种是招募潜力型队员，也就是用二流薪水选聘未来有可能成为一流人才的队员；第 3 种是招募互补性队员，也就是选聘较多的二三流人才为少数的一流人才服务，让一流人才的核心技能与二三流人才的一般技能之间形成互补。

你的思路，倾向于哪一种呢？

你要的是才能，其次才是人

你知道谷歌、微软、苹果这样的世界明星公司，是怎样招聘员工的吗？

我们来假设一下，假设你想到那里去谋得一份工作。

那么第一步，你好好写一份能够打动他们 HR 的简历吧！

很幸运，你的简历被千里挑一地看中了！

你进入了复试环节，在低调奢华的办公室里，你要求解答一道题：芝加哥共有多少名钢琴调音师？

或者是另一道题：有一个人们只想生男孩子的国家，他们在有儿子之前都会继续生育。如果第一胎是女儿，他们就会继续生育直到有一个儿子。这个国家的男女儿童比例是多少？

……

老实讲，面对这样的题目，你有没有想找个地方哭一场？

然而，这些看上去无厘头的题目，正是这些超级优秀的公司挑选聪明员工的方式！

这种方式靠谱吗？靠谱！因为聪明的人都有一个共同的特质：他们在分析问题时，都能有非常清晰的思考过程。注意，是清晰的思考过程，而不是绝对正确的思考结果。

前哈佛大学校长拉里·萨默斯，曾经在2006年12月访问中国，在接受中央电视台采访的时候，记者问道："你认为一个优秀的哈佛大学生需要具备的最重要的素质是什么？"

萨默斯先生说："正直诚信的品格是我们对学生最基本的要求，除此之外，我想最重要的是思路清楚，分析问题的时候有着非常清晰的思考过程。"

我们平时说某人很聪明，智商很高的时候，也常常用反应快、思路清楚来形容。为什么"思路清楚"很重要呢？除了哈佛校长之外，还有一位名人也很看重"思路清楚"，这个人是俄罗斯前总统叶利钦。

叶利钦在回忆录《午夜日记》里说："他（弗拉基米尔）提交的报告总是思路非常清楚，这一点给我留下了深刻的印象。"于是，受到叶利钦总统重视的弗拉基米尔很快被提拔为国家安全局长，一年后成为政府总理，半年后，叶利钦将总统的宝座让给了他。从主任助理到世界上面积最大的国家的总统，他只用了不到三年的时间。他是谁？呵呵，他的全名是弗拉基米尔·普京！

叶利钦选定普京为他的接班人，当然还有更多更复杂的原因，但回忆录唯一提到的一点正是"思路清楚"！

明白了"思路清晰"这个秘密，再来分析前文提到的面试题。

其实这些面试题都没有唯一正确的答案。面试官只想测试面试人解决问题时，是否能形成清楚的思路，换言之，是否能展现一个清晰的思考过程。

因此，钢琴调音师的题目可以这样来回答：

假设芝加哥约有500万人居住，平均每个家庭有2人，大约有1/20的家庭有定期调音的钢琴，平均每台钢琴每年调音一次，那么芝加哥每年的钢琴调音总需求是12.5万个订单。又假设每个调音师调整一台钢琴需要2小时，每个调音师每天工作8小时，每周5天，每年50周，那么一个钢琴调音师每年可以处理1 000个客户订单。由此可以算出：芝加哥总共需要125个钢琴调音师。

其中估算的数据，只要不是违反常识太多（例如假设芝加哥只有1万人），就不会被判定为错误。从假设到推理到形成答案，只要这个分析过程是清晰而又符合逻辑的，那就能让面试官为你的聪明点赞。

如果你能迅速找到解决“钢琴调音师”这类问题的规律，那么聪明的你就能给出男女比例问题的答案。

假设一共用10对夫妻，每对夫妻有一个孩子，男女比例相等（共有10个孩子，5男5女）；生女孩的5对夫妻又生了5个孩子，男女比例相等（共有15个孩子，男女儿童都是7.5个）；生女孩的2.5对夫妻又生了2.5个孩子，男女比例相等（共有17.5个孩子，男女儿童都是8.75个）。因此，男女比例是1∶1。

由于生男生女的比例大约1∶1是个自然规律，因此无论你假设的数据是多少，按此思考过程得出的结论都是1∶1。

现在，回到现实中来。这样的招聘过程能给你什么启发呢?

这些世界一流的高科技公司，他们通过这样的方式，是想要选拔出真正聪明的人。如果一个人具备聪明的大脑，那么在他们完备规范的平台上，发挥聪明才智，进行发明创造的成功概率是比较高的。因此，他们首先会考虑，一个人是否真正的绝顶聪明。

而对于芸芸众生般的普通团队来讲，采用这样的方式并不合适。因为你的团队需要的人通常与具体的工作相联系，他们需要有完成具体任务的才能，例如调酒、平面设计、卖场促销、售后服务、工程维修……你要选拔的不是某个人，而是人的某种才能。

因此，先界定出你想要的是什么才能，然后再考虑人的聪明、外表、学历等因素，才是正确的顺序。

招聘时不要只看应聘者的知识和技能

玛丽家有一只冠军狗，这只狗到处找别的狗打架，它无往不胜，洋洋自得，因此冠军狗总是很嚣张地向居住区里新来的狗挑衅。一天，玛丽牵着冠军狗在公园里散步，偶遇了贝蒂，她牵着一只体型庞大的狗。由于从未见过这只狗，冠军狗不停地吠叫，挑衅之心毕露无遗。玛丽想：贝蒂总是处处跟我比较，如果我的冠军狗把贝蒂的狗打败，那一定很威风！

于是，玛丽对贝蒂说："不如让这两只狗比赛一下怎么样？"

贝蒂迟疑了一下："这样有些不妥吧！"

玛丽说："你放心，如果我的狗真的要伤害你的狗，我会制止的。"贝蒂仍然迟疑，在贝蒂迟疑的瞬间，两只狗竟然打了起来，没多久，冠军狗就败下阵来，垂头丧气地躺在地上。

玛丽惊愕地问："贝蒂，你家的狗是什么品种？"

贝蒂说："它的毛没被拔掉之前，人们都叫它狮子。"

冠军狗由于只看到"狮子"的外在表现，便鲁莽地向其挑衅，却不知道它挑衅的对象虽然具有狗的外貌，但在角色认知上却是一只狮子。管理者在面试招聘时，只从知识和技能的层面考察应聘者，罔顾了应聘者的内在本质特征，与冠军狗所犯的错误如出一辙。

美国著名心理学家麦克利兰于 1973 年提出了一个著名的素质冰山模型。所谓"冰山模型"，就是将人员个体素质的不同表现形式划分为表面的"冰山以上部分"和深藏的"冰山以下部分"。其中，冰山以上部分包括基本知识和基本技能，是人外在的表现，比较容易了解和测量，能够通过培训的方式加以改变和提高；冰山以下部分包括社会角色、自我形象、特质和动机，是人内在的、难以测量的部分，它们不太容易通过外界的影响而得到改变，但却对人员的行为与表现起着关键性的作用。

企业在招聘人才时，常常会产生这种困惑：所招聘的人才明明在知识和技能方面都很有优势，但是在履行实际工作的过程中，却难以达到组织的要求。素质冰山模型启示管理者，在招聘时不能仅仅局限于对应聘者知识和技能的考察，还应该对应聘者的求职动机、个人品质、价值观、自我认知和角色定位等方面进行综合了解。如果没有好的求职动机、品质、价值观等相关素质的支撑，能力高的员工反而会对企业产生负面影响。

根据素质冰山模型，人的素质可以概括为以下 7 个层级。

（1）技能。指一个人完成某项工作或任务所具备的能力，如表达能力、组织能力、决策能力、学习能力等。

（2）知识。指一个人对特定领域的了解，如财务知识、市场知识、行业知识等。

（3）角色定位。指一个人对职业的预期，即一个人在职场想做些什么事情，如教师、设计师、销售专员等。

（4）价值观。指一个人对事情是非、重要性、必要性等的价值取向，如合作精神、献身精神等。

（5）自我认知。指一个人对自己的认识和看法，如自信心、乐观精神等。

（6）品质。指一个人持续而稳定的行为特性，如正直、诚实、责任心等。

（7）动机。指一个人内在的、自然的、持续的想法和偏好，驱动、引导和决定着个人的行动，如成就需求、人际交往需求等。

麦克利兰的素质冰山模型，为人力资源管理的实践提供了一个全新的视角和一种更为有利的工具，它构建了某种岗位的胜任素质模型，对于担任某项工作所应具备的胜任特征进行了明确的说明，而且成为进行人员素质测评的重要依据，有助于人员招聘工作更加科学化和有效化。

招聘时，要考查应聘者过去的具体工作行为

球迷：你怎么能让张老头去当守门员呢？

教练：张老头守了几十年的仓库大门，从来没有让一个贼进去过，他经验这么丰富，我为什么不能派他上场呢？

公司不同，相同的职位名称往往工作内容迥异，对于员工的要求也截然不同。因此，管理者在面试应聘者时，要善于侦察应聘者过往的具体工作行为。

招聘面试是人才甄选的一个重要环节，只有从云云的应聘者中遴选出与企业文化和职务设计最吻合的人才，才能降低管理成本，实现组织的高绩效。但是如何才能发现某个应聘者就是组织所需要的人才呢？运用 STAR 原则是一个行之有效的方法。

所谓的 STAR 原则，就是 Situation（背景）、Task（任务）、Action（行动）和 Result（结果）4 个英文单词的首字母组合。STAR 原则是面试过程中涉及实质性内容的谈话程序，这种面试法能很快地挖掘出应聘者过往的工作表现和解决问题能力的大小。

运用 STAR 原则面试应聘者的流程如下：首先，管理者要了解应聘者以前的工作背景，掌握关于应聘者所供职公司的经营管理状况、所在行业的特点及该行业的市场前景的信息，进行背景调查（Situation）；其次，管理者要询问管理者具体的工作任务（Task）有哪些，任务的目标是什么；最后，管理者要注重了解应聘者是如何具体执行工作任务的，他采取了哪些行动（Action），以及取得了什么结果（Result）。

比如，有的应聘者在面试介绍中会自诩为"我是原来公司的销售冠军"，乍听之下，似乎这个应聘者应该能胜任所申请的销售经理的职位，但是其实"销售冠军"的说辞并不能证明应聘者是合适的人选。管理者应该继续追问："公

司为你的销售工作提供了哪些支持性资源？公司的产品怎么样？市场区域的产品需求量有多少？”然后，还要了解如下几个问题：“你进行了哪些工作来促成交易？是频频拜访客户，还是组织了一些推广活动？”最后，管理者要询问工作的结果。管理者只有对应聘者过往的工作经历仔细询问后，才能全面获知应聘者的工作经历和他所具有的知识和技能，从而为人才判断提供足够的参考信息。

STAR原则面试法，杜绝了表面信息的蛊惑性，尽可能地挖掘出应聘者所具有的知识和技能，是企业通过面试招聘到合适人才的有效工具。不过，这里面还蕴涵着大量的细节性技巧，比如，应聘者具有很高的面试技巧，使管理者难以从看似完美无缺的回答中找出不符合事实的信息。因此，管理者在面试时，还要留意应聘者的身体语言和面部表情，减少对常规性问题的提问，以免招聘到夸夸其谈、华而不实的应聘者。

对公司缺点避而不谈，不利于招到优秀人才

一家公司的老板死后被送上了天堂，看门的天使却怎么也查不到他的记录，于是天使便让老板自己选择要去天堂还是去地狱，并且可以让老板先到两个地方都度过24小时后再作决定。

老板去的第一个地方是地狱，他进门的时候，里面正在举办一个狂欢聚会，他看见了很多曾经的同事，大家疯狂地庆祝，享受着美食、名酒与辣妹。24小时后，老板依依不舍地离开了这个地方。

随后，老板被送往了天堂，里面虽然景色秀美，但恬静安逸得有些沉闷，天堂的居民也表现出生活恬淡的样子，老板在这里度过了安静舒服的24小时。

抉择的时间到了，老板对天使说：“天堂虽然很不错，但是比较一下，地狱似乎看起来更好。”于是他选择成为地狱的居民，天使把老板送到了地狱。

老板兴奋地推开了地狱的大门，然而，眼前的所见所闻让他大吃一惊：地狱里处处荒原，透着萧索的味道，他的同事衣着破旧，不是在上刀山，就是在下油锅。

老板惊恐万分地问地狱的看门人："怎么会这样？我上次来的时候不是这个样子啊？"

看门人对着他的屁股踢了一脚："上一次，你是来面试的，而现在你已经是正式员工了。"

企业为了把人才吸引到企业，在面试新员工时，总是倾向于强调公司和工作的正面特征，对于那些员工所不会喜欢的负面特征，则避而不谈。然而，这种选择性向员工提供信息的做法并不利于组织招聘到优秀的员工。

管理者在面试新员工的过程中，当涉及组织和工作介绍时，有的管理者总是专注于描述组织和工作的正面特征，如良好的福利待遇、亲如一家的员工氛围、完善的培训项目、人性化的制度建设等；然而，对于组织的缺点则避而不谈，如较高的员工流动率、常常需要员工周末加班、企业正处于发展的瓶颈期等，因为他们担心这些缺点吓跑了面试者。

但是，纸终究是包不住火的。当员工进入公司后，经过一段时间的工作，他们会渐渐地发现组织的缺点，觉得公司的现实情况并不像面试时所描述的那样好，产生一种被欺骗了的感觉，认为管理者和所就职的公司是不可信任的。如果组织的现实情况严重偏离新员工的期望，新员工一般会失望地离开企业。

面试时，管理者刻意掩盖组织和工作的负面信息并不会有助于企业招聘到优秀的人才。因为：其一，招聘建立在信任的基础上，只有双方对彼此的愿景和情况达成了共识，企业才能招到合适的人才，利用不真实的信息吸引优秀的员工，即使优秀员工进入了公司，很多员工也会抽身而去；其二，一般而言，员工对于公司的贡献具有累积效应，新员工在公司待的时间比较短，一般不会为公司做出什么大的贡献，公司在此期间也需要支付薪水，在投入产出方面，公司是很不划算的。

琼是某高科技公司的首席运营官，她提倡在招聘时使用现实工作预览。

所谓的“现实工作预览”，就是在招聘过程中，为应聘者提供真实、准确、完整的有关工作和组织的正面和负面信息。现实工作预览能有效地提高组织和员工的匹配，降低离职率。琼在面试时会特意强调公司的“缺点”，比如，她会坦诚告诉面试者他们每天需要工作 10~12 小时，虽然有些人在面试时听到这个信息后被吓跑了，但那些愿意加入公司的人在后来的工作中对这个要求都毫无异议，并对公司持有很高的忠诚度。一般而言，当应聘者接受工作的消极信息后，他入职后因为那些消极情况而离职的可能性很小。

究其本质，企业与员工是一种合伙人关系，组织和个人共同接受挑战，一起致力于组织目标的实现。现实工作预览真实地向应聘者传递有关工作积极与消极方面的信息,有助于应聘者在信息比较充分的情况下做出入职选择。因此，他们入职以后便会对当初的选择做出承诺，即使在工作中要面对很多困难，也会因为对困难有了心理准备而减少抱怨，从而严格要求自己，提高工作质量。企业与员工合作的基础建立在信任的基础上，只有彼此遵守合作之初所做出的允诺，才能齐心合力共同奔向远大的前程。企业作为未来发展的主导者，坦诚地告诉面试者公司的全貌，尤其是一些负面的信息和要求，如工作的压力较大、需要经常异地出差、考核制度很严格等，才能真正招聘到与企业志同道合的人。

多参考别人的意见，有助于招到好员工

兔子到第一家公司面试。老板问：“兔子，今天工作忙不忙？”兔子答：“不忙。”

下班时老板对兔子说：“你明天不用来了。”兔子答：“为什么？”老板说：“因为你不能多为公司做事，所以才会不忙，公司为什么要养你这个闲人？”

兔子到第二家公司面试。老板问：“兔子，今天工作忙不忙？”兔子答：“很忙。”下班时老板对兔子说：“你明天不用来了。”兔子答：“为什么？”

老板说："因为你没有时间管理概念，所以才会这么忙，我们公司绝对不养庸才！"

兔子到第三家公司面试。老板问："兔子，今天工作忙不忙？"兔子答："还行。"下班时老板对兔子说："你明天不用来了。"兔子答："为什么？"老板说："因为你做事缺乏理性，所以才不知道自己的工作进度，公司要你何用？"

兔子到第四家公司面试。老板问："兔子，今天工作忙不忙？"兔子答："刚刚忙完。"下班时老板对兔子说："你明天不用来了。"兔子答："为什么？"老板说："因为你做事效率太低，做完就不能检查一下吗？公司要你何用？"

兔子到第五家公司面试。老板问："兔子，今天工作忙不忙？"兔子答："有些工作已经做完了，也检查过了，现在正在做其他事。"下班时老板对兔子说："你明天不用来了。"兔子答："为什么？"老板说："因为你做事缺乏系统性，有些事不会一起做吗？公司要你何用？"

兔子到第六家公司面试。老板问："兔子，今天工作忙不忙？"兔子答："我的工作都做完了，正在帮别人做。"下班时老板对兔子说："你明天不用来了。"兔子答："为什么？"老板说："因为你做事没有计划，你不会自己规划一下明天要做的事吗？公司要你何用？"

兔子到第七家公司面试。老板问："兔子，今天工作忙不忙？"兔子答："今天的工作做完了，明天的工作也做完了。"下班时老板对兔子说："你明天不用来了。"兔子答："为什么？"老板说："因为你做事不考虑整体，你不会帮同事分忧解劳吗？公司要你何用？"

兔子到第八家公司面试。老板问："兔子，今天工作忙不忙？"兔子答："今天的和明天的工作都做完了，现在在帮同事的忙。"下班时老板对兔子说："你明天不用来了。"兔子答："为什么？"老板说："因为你太爱出风头，你的帮忙很可能导致其他同事的惰性或者造成他们的压力，公司要你何用？"

兔子到第九家公司面试。老板问："兔子，今天工作忙不忙？"兔子答："等一下，我思考一下再回答你。"下班时老板对兔子说："你明天不用来了。"

兔子答:“为什么?”老板说:“因为你目中无人，我问你话你竟然一再搪塞我，公司要你何用?”

兔子到第十家公司面试。老板问:“兔子，今天工作忙不忙?”兔子答:“我……我……不……不知道……该……该怎么……回答你……”下班时老板对兔子说:“你明天不用来了。”兔子答:“为什么?”老板答:“因为你连做事忙不忙都不知道，公司要你何用?”

兔子到第十一家公司面试。老板问:“兔子，今天工作忙不忙?”兔子答:“去你的，老子辞职不干了……”老板说:“有个性，我们公司就需要这种个性鲜明的员工!”

上面这个好笑的故事，谈的是心理学中的投射效应。招聘面试员工时，如果管理者受到投射效应的影响，往往招聘到的不是适合组织文化的员工，而是与管理者的爱好、价值观类同的人员。

所谓“投射效应”，是指以己度人，认为自己具有某种特性，他人也一定会有与自己相同的特性，把自己的感情、意志、特性投射到他人身上并强加于人的一种认知障碍。在人际认知过程中，就是人们常常假设他人与自己具有相同的特性、爱好或倾向等，常常认为别人理所当然地知道自己心中的想法。投射效应最显著的行为表现，就是情感投射，在人际交往中，人们对于自己喜欢的人越看越觉得有很多优点；对于自己不喜欢的人，则越看越讨厌，越来越觉得他的缺点数不胜数，令人难以容忍。这种情感投射直接导致人们总是过度地赞扬和吹捧自己所喜爱的人，而严厉地指责、甚至肆意诽谤自己所厌恶者。

投射效应是管理者招聘面试员工时极易发生的一种认知误差，如果被面试者与管理者爱好相同、有着类似的情感经历、对于某一件事情秉持着同样的看法，相较其他面试人员，管理者更易于把选票投给可以让自己产生共鸣的面试者。比如，管理者在与面试者进行交谈时，当得知面试者与自己毕业于同一所大学时，便情不自禁地对面试者关注起来，甚至聊起了与大学有关的事情，通过一番关于近似校园经历的交谈后，对比其他的面试者，情感上的重合使管理者更易于把校友招聘到公司内部。然而对于公司而言，针对职务的具体要求，此位校友却常常不是最优的选择。投射效应使管理者的招聘活动建立在个人的偏好上，使人员招聘偏离了组织的目标，一些更胜任的员工被阻隔在组织之外，同时还造成公司员工的高度同质化，不利于团队合作中的性格互补。

当然，投射效应对于人员招聘也有有利的一面，所谓“英雄惺惺相惜”，由于投射效应的影响，管理者更易于把与自己有共同愿景的人员招聘到企业，增强企业的向心力。

进行人员面试时，管理者尽量多谈及面试人员的过往工作经历，在确定招聘选择时，多参考一下来自相关部门主管和人力资源部门的意见，才能够降低投射效应对于人员招聘的认知误差。

运用情景模拟面试法，有助于招到好员工

科特去一家世界顶尖企业面试工业间谍的职位。人事部经理与科特进行面谈后，递给了科特一个信封，对他说：“请你把这个信封送到第八层的档案室，然后你就可以回去了，一周以后我们会通知你面试结果。”

从人力资源部门出来后，科特转身溜进了卫生间，他环顾四周看没有什么人，便迅速打开了信封，里面的便笺写着：“你被录用了，马上回人事部报到！”

管理者面试新员工时，一般会注重了解员工的人格特征和工作履历，因为这些因素对于判断员工胜任与否有很大的参考价值，其实，除此之外，求职人员在具体情境下的举止行为往往更能预测出员工未来的工作表现。

情景模拟面试法就是根据应聘者所申请的职务，编制一套与该职务实际情况相似的测试项目，把应聘者安排在模拟的、逼真的工作环境中，要求应聘者处理可能出现的各种问题，用多种方法来测评其心理素质、潜在能力的

一系列方法。

情景模拟面试法一般有如下5种类型。

1. 公文处理

公文处理是情景模拟面试法的一种主要形式，公文一般由文件、备忘录、上级指示、调查报告等组成。应用这种方法面试应聘者时，需提前向应聘者提供关于组织的背景资料，并使应聘者意识到他既不是在演戏，也不是在代理职务，而是组织真正的负责人，他要像处理现实问题一样处理手里的公文。公文一般不少于5份，不多于30份，每个应聘者要批阅的公文可以一样，也可以不一样，但难度要相似。根据公文的数目和难度，规定每个应聘者完成的时间。

2. 与人谈话

与人交谈包括电话谈话、接待来访者和拜访有关人士3种类型，企业的相关人员饰演交谈的另一方，实地考察员工的人际礼仪常识、心理素质、应对技巧、语言表达能力、处理突发问题的能力等。

3. 无领导小组讨论

所谓无领导小组讨论，就是指几个应聘者就一个问题进行讨论，讨论前并不指定谁主持会议，在讨论中观察每一个应聘者的发言，以便了解应聘者心理素质和潜在能力的一种测评方法。

4. 角色扮演

角色扮演就是要求应聘者扮演一个特定的管理角色来处理日常的管理事务，以此来观察应聘者的多种表现，以便了解其心理素质和潜在能力的一种测试方法。

5. 即席发言

即席发言就是指主试者给应聘者出一个题目，让应聘者稍做准备后按题目要求进行发言，以便了解其有关的心理素质和潜在能力的一种测评方法。即席发言主要了解应聘者快速思维反应能力、理解能力、思维的发散性、语言的表达能力、言谈举止、风度气质等方面的素质。

虽然情景模拟面试法具有较高的信度和效率，有助于全面考察应聘者的综合素质，但是情景模拟面试法往往需要较长的准备时间，所需费用也比较高。一般只有在招聘高级管理人员时才运用这种面试方法。

运用案例面试法，有助于招聘成功

一个富翁准备高薪聘请一名司机，富翁的住所外挤满了求职者。对于每一位求职者，富翁都会问同样的问题："我和你同时坐在车里，前面是一处悬崖，你能驶向悬崖多近而不至于掉下去？"

"三十厘米。"第一个求职者说。

"十五厘米！"第二个求职者说。

"八厘米！"第三个求职者说。

……

直到有一个求职者说："我会尽量远离那个地方，越远越好。"

"恭喜你，从现在起你就是我的司机了。"富翁当即决定。

这个富翁的面试方法，叫作案例面试法。

管理咨询公司最早将案例面试法用于对应聘者的测评。一名来自 Babson 大学毕业生职业生涯规划中心副主任，解释了案例面试法在咨询公司兴起的原因："公司正在挑选最棒的、最聪明的职员。咨询顾问常常不得不与公司的一些高级行政人员一起工作。为了此类职位的人员在那种情况下能够行之有效的工作，他们切实需要能够独立思考、分析问题、给出有创造性的解决方案，并且要支持任何提出来的建议。"

在进行案例面试的过程中，面试官首先会介绍一些关于公司的信息，然后提出公司所面临的问题或者所处的两难困境，应聘者需要对这个公司如何渡过难关提出一些建议。案例一般用口头的方式进行表述，但是如果案例过于复杂，书面的形式便成了最佳的选择。案例中所涉及的问题和困境，既可以是真实的，也可以是虚构的。

通过案例面试，面试官能够直接考评应聘者的逻辑能力和思维能力，知道他们如何构建一个问题，以及他们在压力下是否能够清晰地表达自己的思维意识。由于案例面试的设计旨在增加面试者的压力，应聘者所承受的压力往往大于来自传统面试的压力，因而这种面试方法还能使应聘者的心理素质得到最真实的显现。

案例面试一般有如下 3 种方式：

（1）开放式结尾案例：面试官只给应聘者提供一两个句子容量的信息，应聘者要充分利用这些信息，然后给出自己的设想。

（2）多重结构案例：面试官提供足量的信息，在应聘者处理问题的过程中不断地引导对方。

（3）书面辅助案例：面试官先给应聘者提供一些资料，然后离开面试场所，留下应聘者处理手里的资料，当面试官回来时，应聘者要把自己对于资料的领悟向面试官作出分析。

矮子里面拔将军，99% 都是错的

一个人考驾驶执照，主考官问他："当你在行驶途中的时候，突然你看到一只狗和一个人在车前，这时候你是轧狗还是轧人？"

答："当然轧狗。"

主考官说："你下次再来吧？"

那人说："我不轧狗，难道轧人不成？"

主考官慢条斯理地说："你应该刹车，先生。"

管理学领域有一条重要的格言："当看上去只有一条路可走时，这条路往往是错误的。"

1631 年，英国剑桥商人霍布森从事贩马生意，他大肆宣称："你们买我的马、租我的马，随你们的便，价格都便宜。”然而，虽然霍布森拥有很大的马圈，里面满是肥美的马匹，但他只是在马圈出口处开了一个小门，买马人的选择权只是局限在从小门出去的马。因此，买马人左挑右选，他们自以为自己完成了满意的选择，其实所选的只是一些瘦马、小马，这些买主沦为低级决策结果的牺牲品，其实质是小选择、假选择、形式主义的选择。后来，管理学家西蒙把这种没有选择余地的所谓“选择”讥讽为“霍布森选择”。

事物的好与坏、优与劣，都是在对比分析中产生的，只有选取的样本足够多，才能使判断和选择的结果尽可能的合情合理。如果“选择”已经没有了选择的余地，或者“选择”只局限于寥寥的几个参考对象，即使挣扎着做出了选择，也常常导致所选择的对象只是相对最优，而不是真正的绝对最优。

管理者在选拔人才时，如果陷入霍布森选择效应的困境，只是拘泥在一个狭小的范围内进行遴选，那么，即使左右权衡后做出了选择，但相对于职位的匹配性和胜任性，也不过是“矮子里拔将军”，所选出的人才并不是最合适的人，选择的局限性使管理者与真正的人才失之交臂，难以实现人才的优化配置。

对于企业的人才战略而言，为了避免霍布森选择效应所导致的人才非最优化，管理者最好不要仓促招聘，不要由于某一个职位出现了暂时的空置，便急急忙忙地寻求一个人物来补缺职位。因为，如果招聘的过程过于急迫，管理者便会不自觉地降低选择的标准，使管理者忽略了应聘者的负面因素，导致管理者无形间犯了本末倒置的错误：单纯为了招聘而招聘，而不是为了所需要完成的工作而进行人才选择。

在人事决策上花时间是值得的

作为管理者，如果不花时间处理好人事问题，那么你的决策的有效性就值得怀疑。要重视一般的人员安排，更要重视企业的高级管理人员的选拔和任用。因为，对他们的任用出了问题，将可能损害整个企业的利益和形象。在这方面，通用电气公司的雷吉·琼斯为我们做出了榜样。

雷吉·琼斯是杰克·韦尔奇的前任，通用电气公司的董事长，他整整花了7年时间考察韦尔奇。任用韦尔奇，是通用历史上最成功的决策。

1974年，琼斯担任通用公司的董事长才3年，但他已经着手挑选自己的继承人。这个时候他57岁，离65岁退休还有8年时间。琼斯认为，他要找一位管理风格与自己风格不一样的继承人。他认为，公司需要变革，继承人就一定要与前任不同，要是继承人只是前任的复制品，那么公司就谈不上发展。

一开始，琼斯的脑子里并没有一个合适的人选。于是，他要求人事部门给他准备一份候选人名单。但他的要求被拒绝了，人事部门认为这至少也应该是10年之后的事情。但是在琼斯的强烈要求下，人事部门提供了一份有96名候选人的名单。这时，琼斯发现名单上少了一个应该有的人，那就是负责塑料企业的杰克·韦尔奇。

人事部门的人却认为韦尔奇年轻气盛，好闹独立，太嫩了。在这种情况下，琼斯只得以命令的方式把韦尔奇加入候选人的圈子。经过各种考虑，候选人最后减少到了11位，韦尔奇就在其中。经过3年的考察，琼斯已经了解各位候选人。为了进一步了解候选人相互之间的印象，琼斯实施了他的“机舱面试”。

1978年元旦后，他把候选人一个个请进办公室。从谈话中了解有关候选人合作的可能性和对其他候选人的想法。每当候选人走进他的办公室时，琼斯都会把门关好，然后点上烟斗，并示意交谈者放松。然后开始说出一个程序般的问题：“如果，你和我现在乘着公司的飞机旅行，这架飞机坠毁了。谁该继任通用公司的董事长？”

韦尔奇怀着忐忑不安的心情被召去接受“机舱面试”。根据要求，韦尔奇写下了3个董事长的候选人姓名，其中包括了后来成为他董事会合作者的胡德、伯林盖姆和他本人。

“谁最有资格？”琼斯问。

韦尔奇想都没想，说：“这还用问吗？当然是我了。”

他忘了，这个时候，他已经和琼斯在旅行中“坠机遇难”了。这次谈话使琼斯对韦尔奇更加欣赏了。

3个月后，琼斯把候选人压缩到8个人，并再次请他们进行第二轮的“机舱面试”。当然，问题作了改变。

“这次，我们两个还是乘同一架飞机，但是，飞机坠毁后，我死了，而你却很幸运地活了下来，你说，谁该来做公司的董事长？”琼斯要求列出3名候选人。

这次，最令琼斯高兴的是，他最中意的三位候选人：韦尔奇、胡德和伯林盖姆中，各自在3名董事长候选人的名单中包含了另外两位。最后，他把继承人确定为杰克·韦尔奇。

为了让董事会认可韦尔奇，他让韦尔奇、胡德和伯林盖姆都进入了董事会。经过一段时间的考察，1980年11月，琼斯让人事部门提交了包括聪明才智、吃苦耐劳、自我管理、同情心在内的15项测评结果，韦尔奇的分数位居第一。这时，不仅琼斯，通用公司的其他19名董事都同意推举韦尔奇为下一任通用董事长。

雷吉·琼斯花了7年时间选拔他的继承人，其重视选人和用人的精神着实让人敬佩。

管理大师德鲁克说：“经理们在管理下属和做人事决定方面比其他任何工作所花费的时间都要多——他们理应如此。没有任何一项决策像人事决定那样影响深远并且难以更改。尽管如此，总的来说经理们所做的提升和任用决定都令人难以恭维。统算起来，他们成功的记录不会超过0.333，即1/3的决策是成功的，1/3勉强合格，另外1/3则是彻头彻底的失败。”这段话是他总结半个多世纪的管理和咨询经验后所做的判断。由此可见人事决策之困难。

卓有成效的管理者做人事决策时，要记住“快速的决策多为错误的决策”，正确的决策应该有一个斟酌的过程。在人事决策中应注意以下几个问题：

（1）认真考虑招募岗位的关键工作任务。

（2）注意候选人的数目。

（3）用什么标准衡量候选人？

（4）为什么选中的人表现不佳？

Chapter 05

如何聪明地知人善用

用人，顾名思义，即任用人才之意。留人，顾名思义，就是留住人才之意。世界上的人才成千上万，有全才，有偏才；有鬼才，有怪才；还有雄才，有奸才。但无论什么样的人才，都各有其用，关键在于领导者如何任用。任用正确，则坐拥天下，一切尽在掌握之中；任用不当，则危机四伏，大局不定，可谓“搬起石头砸自己的脚”。善于用人的领导，适时升降，恰到好处，觉得人杰雄才遍地有；拙于任人的领导，乱用一气，适得其反，直叹人才实在难寻找。可见，用人与留人也须讲究方法与艺术，并非随心所欲，胡乱招来。

做分配工作的内行

上司如果能干，定能将员工的工作分配得极为妥当，引发员工的工作意念，否则员工会有反抗的心理。

所谓善于分配工作的好上司如下列所述：

第一，经常检讨个人负责的工作内容，适当地估计工作的质与量，以求分配平均。

第二，考虑到某份工作量所需完成的时间。

第三，若派予其他员工，会先由员工本身工作进行的状况而定。

工作分配如果不妥当，就易造成不满的情绪。分配工作虽是小事，却与从业人员的士气大有关系，千万不可忽略。

管子曰：“君之所审者三，一曰德不当其位，二曰功不当其禄，三曰能不当其官，此三本者，治乱之原也。”可见，能当其位是任人的重要原则，是判断领导者任人是否正确的首要标准。

在任人时，领导者对人才一定要量体裁衣，既不能让统御千军的将帅之才去做伙头军，也不能让县衙之才去当宰相；既不能让温文尔雅坐谈天下大事的文官去战场上驰骋，也不能让叱咤风云的武将成天待在官廷内议事。而应该辨清各自的特长，派其到相符的地方或授予其相应的职位。

不当其位，大材小用或者小材大用都是任人失败之处。不当其位，当然就无法发挥人才的长处，空得满腹经纶却无处施展；大材小用造成人才的极大浪费，挫伤人才的积极性，使其远走高飞，另谋高就；小材大用只会把原来的局面越弄越糟，成为专业发展路上的绊脚石。“用人必考其终，授任必求其当”，古人已经给现代领导们做出了榜样。

狄仁杰就是一位善于任人的官吏。有一天，武则天问狄仁杰：“朕欲得一贤士，你看谁能行呢？”狄仁杰说：“不知陛下欲要什么样的人才？”武则天说：“朕欲用将相之才。”狄仁杰说：“文学之士，有苏味道、李峤，都可以选用；如果要选用卓异奇才，荆州长史张柬之是大才，可以任用。”武则天于是擢升张柬之为洛州司马。过了几天，武则天又问贤，狄仁杰说：“臣已推荐张柬之，怎么没任用？”武则天说：“朕已提拔他做洛州司马。”狄仁杰说：“臣向陛下推荐的是宰相之才，而非司马之才！”武则天于是又把张柬之升迁为侍郎，后来又任他为宰相。事实证明，张柬之没有辜负重任。可见狄仁杰多么懂得任人应当其位的道理！

在考虑能当其位的过程中，领导不能仅仅以人才能力的高下来衡量，还得考虑人才的性格、品行。如果此人性格懦弱、不善言辞，则不宜让他担任公关和推销方面的任务；如果他处事较随意，且常出一些小错，不拘小节，就不应任用他做财务方面的工作；如果品行不太端正，爱占小便宜，且比较自私，对这种人尤其要小心任用，最好不要委以重任或实权，使其处于众人的监督之下，不至于危害大局，一旦发现其恶劣行为，立即严惩不贷，绝不心慈手软，以防“一颗老鼠屎搅坏一锅汤”。所以，作为领导，在任时一定要就人才的能力、性格和品行等方面综合考虑，再授予其一个适当的位置。

此外，领导者还需考虑一个重要因素，即年龄。一些工作岗位可能有两人可以胜任，一个年轻，一个年长。对此，领导者就应该考虑年轻人和中老年人在性格上的差异：年轻人热情奔放，充满活力，且敢拼敢闯，创造力强；中老年人沉稳、冷静、忍耐力强且经验丰富、老到。年轻人缺乏的是经验，中年人缺乏的是闯劲。了解到这些，领导就可以根据该项工作的特征确定合适的人选。

同时，领导还不能忽视年龄层次问题，机关部门、事业单位的年龄层次可以适当偏大一些，姜毕竟还是老的辣。而企业的年龄层次宜年轻化一些。对企业领导，如果发现有几人都能胜任某一项工作时，可尽量任用年轻人，因为年轻人精力充沛、后劲十足，工作年限还很长，而年纪较大的人可能即将离任。这样就可以避免公司出现人才断层，有利于公司持续快速发展。

避免分派垃圾任务

当忙碌的一天结束时，你是否会惊讶地发现这一天中你的80%时间都在做一些毫无意义的工作呢？或许这还算好，但糟糕的是在工作中人们常为一些无意义的事而起争执。这些看似重要的事情，其实都是一些垃圾任务。这些垃圾任务不但耗费掉了大量的时间、人力、物力、财力，有时还会给企业带来致命的错误，给企业造成巨大的成本损失。

你所分配的垃圾任务有以下这些情形吗？

（1）突然指派员工去做一些与他的职能无关的事，比如接待、传送物品。

（2）员工不得不去做一些重复性工作，比如同一张表格非得填上几份。

（3）员工临时接到一个电话，接着就要去处理一连串的事务。

（4）部门之间为一些交接事务设置了太多的不必要环节，为此员工们不得不去做很多毫无意义的工作。

（5）布置工作任务时欠缺计划性，导致下属员工做无用功。

（6）分配的工作范围不清晰，要做的杂事太多。

（7）没有让员工拥有工作分析的时间，以致盲目做事。

（8）公司内部分享信息和想法比较困难。

如果有上述情况存在，那毫无疑问，你分配的任务有相当一部分为垃圾任务。管理人员要认真考虑有哪些工作任务是可以或者应该交给自己手下的员工去完成的。如果不经过认真的思考就作出决定，整个公司的工作环境将会陷入没有秩序的混乱状态。要从确定自己的核心职责做起。然后，再确定有哪些职责可以交给自己手下的员工去承担，有哪些工作任务可以交给他们去完成。

在工作分配中，你应该把所有的事情——要做的工作、承担的义务、要采取的行动以及职责，都列在一张表上，并把他们分成 4 类。如下所示：

（1）只能由你自己来做的事情。这些事情不能分配给别人做，比如：对工作的回顾。

（2）马上就可以分派给某一个受过这方面训练的人来做的工作。

（3）只要你花上一点时间来训练一下某个人，就可以分派下去的工作。

（4）应该分配给别人去做的工作，但手边却没有合适的人可以来做它。

把分配的工作列表理顺，你就知道那些工作该自己做，那些事情应让员工做，哪些员工适合做哪些事情，这样就能避免分配垃圾任务。

坚持宁缺毋滥的原则

宁缺毋滥要求领导者在任人时选用精兵良将，不多用一人，也不闲置一人，使人事保持相对稳定，不闲则已，闲则必责。如果在当时没有找到合适的人选，宁可让职位空缺，也不滥竽充数。

1. “官不必备”

古人曰：“官不必备，唯其人。”用人之多少，应根据工作需要而定。在确保工作质量的情况下，再合理安排职位和人数，然后再根据一人一职的原则任用人员，既不可备位，也不可备人，更不能在找不到合格人选的情况下随便以人顶替。否则，就会影响整体效率和质量。

古人对任人时宁缺毋滥的原则也早有认识，并采取过不少有力措施加以防范，制止这种情况的发生。唐太宗就提出“官在得人，不在员多”，李德裕曾强调“省事不如省官”。西魏苏绰在其《六条诏书·擢贤良》中极力主张裁减官吏以避免人浮于事的弊端，他说：“官省，则善人易充，则事无不理；官烦，则必杂不善之人，杂不善之人，则政必有得失。”北宋包拯坚持用“勤”，不用“冗”。他针对北宋冗员众多的情况，向仁宗皇帝指出：“欲救其弊，当治其源，在乎减冗杂而节用度。”他主张“留神省察”，对于占着位子又无所事事的官员坚决予以清除。他在知谏院时，曾经上书弹劾做了七年宰相而又毫无建树的宋庠，并且连续三次弹劾罢免了皇帝宠妃的伯父张尧佐的“三司使”要职。可见，“官不必备，唯其人”古往今来就是用人任人的一条重要准则。这对今天的领导者们仍有重要的借鉴价值。

2. 任人以专

一个人能力再高，在短时期内都是难以做出大成绩的。人才聪明才智的发挥需要一定的时间，因此其能力和功绩须在较长时间内才能体现出来。领导者在任人时一定不能急功近利，急于求成；经常更换人事，这样做会适得其反，离自己所要求的目标越来越远。正确的做法应该是一旦确定了人选，就给予其充足的时间，让其潜心研究，放手施为，反而容易做出成绩。举个例子，美国科学家的科研水平乃世界一流，但如果美国政府要求他们在短期内便将人类送上月球并在上边正常生活显然是不可能的。如果美国政府因此而将科学家们撤职，那岂不成了天大的笑话。再如一家企业久病成痨，历年来亏损负债上亿元，企业领导任命一名新总经理，令其一年半载扭亏为盈，否则就再次换人，这能证明的仅仅是该领导水平低下，不懂任人以专的基本常识，而丝毫不能证明新任总经理能力低下。可见，任人以专的效果明显比经常更换好。

北宋王安石曾特别强调任人必须“任人以专”“久于其任”。他主张一旦确定合适的人选，就让其多干几年，予其充分展示才华的时间，“智能才力之士，则得尽其智以赴功，而不患其事之不终、其功之不就也”。古人尚且如此，今天的领导们更应理解其含义。经常更换人事不仅对事情本身于事无补，而且常弄得人心惶惶，纪律涣散。

法国经济学家亨利·法约尔对人员任期问题有一段深刻的解释。他说，人员任期稳定是一个均衡问题。雇员适应新的工作和很好地完成工作任务都需要时间，即使是假设他有相应的能力。如果在他已经适应工作或在适应之前又被调离，那么他将没有时间提供良好的服务。如果这种情况无休止地重复下去，那么工作就永远无法圆满完成。因此，人们常常发现，一个能力一般但留下来的管理人比一个刚来就是杰出的管理人更受欢迎。这段话虽然是针对企业而发的，但同样适用于其他组织和机构。它深刻地告诉领导者们任人以专的重要意义。

当然，任人以专并不是任期越长越好，它并不排斥工作人员的正常变动，只是强调要给人以充分展示才华和成绩的时间，同时保持人员的相对稳定，以利于事业的发展。

3. 因事用人

在一些企业和单位里，人多而杂，加上效率低下，于是一些人更无事可干，但他们又担心这样赋闲下去会被领导解职，于是就要求领导给他们安排事情，以显示他们还能干，还在努力工作。在此过程中，一些领导大感头痛，本来没什么事干，却要找事干，于是便挖空心思列出一些毫无实际意义的工作，让每个人都占据一个位置或挂上一个头衔。而这些虚假的、徒劳无益的工作对公司或单位一点好处都没有，反而造成人员繁多，机构臃肿，既增加了负担，又降低了效率，还浪费了人才，有百弊而无一利。

之所以出现这种情况，就在于领导者在任人时因人设事的做法。这种任人方法的意思是有什么人，就去办什么事，即使没事可干了，但如果还剩有人，就凭空造出一些事情，把剩余的人员安排好，其弊端前已阐述。这样的任人方法根本不适合市场经济条件下的领导者们，现在需要的是因事设人的方法，即领导者根据工作需要，有什么事要办，就安排什么人去办，有什么职位安排什么人，一切以促进公司的发展，提高效率为出发点，绝不能因人设事，没事找事，做一些无用的工作。对于剩余的人员，领导者应果断地下岗分流。

因事用人除了考虑人员的数量与工作需要的关系之外，还要考虑人员素质与工作要求的关系。如公司因管理和技术工作要求，就招一批知识水平较高的人去担当此任。若公司需要一些文秘、财会人员，领导就不能招体力劳动者顶替。概括地说，一切因事而异。事情多，就多安排人数；事情少，就相应减少人数。事情难办，文化要提高，就提高人员的素质；反之，就可以适当降低要求，用普通人员即可。

合理分工，让下属心情舒畅

知人善任，对下属进行合理分工，可以使下属心情舒畅，充分发挥积极性和创造性。作为上司，其主要精力应该花在计划、组织和监督、指导上面。如果事必躬亲，必将因小失大，一方面，自己的时间和精力大部分被琐碎的事务占去，势必影响宏观调控的功能；而另一方面，又会使下属束手束脚、觉得无事可干，丧失工作的积极性和创造性，不能人尽其用、人尽其才。这样即使你干得筋疲力尽，也难取得优越的成绩。

管理者必须根据发展状况和实际需要，认真研究企业对人才的需求，什么岗位要什么样的人才，要做到心中有数。同时要清楚了解员工的能力与特长情况，尤其要善于发现那些默默无闻的人才。要根据人才的专长，扬长避短，合理利用人才，千万不要将有能力的人才闲置。管理者在用人的过程中必须牢牢记住一点：用人不疑。

公元1683年6月，施琅奉康熙帝的命令率水师两万余人，战船两百余艘，自铜山出发，进击台湾，经过几天奋战大败澎湖守军。守军主力悉数被歼，结果军心涣散。施琅占据澎湖，居高临下，对郑军进行招抚。郑氏统治者见大势已去，遂同意归附清廷，实现和平统一。当时，我国台湾地区和祖国大陆的和平统一在清初是一件大事，施琅为此立了大功。在统一的过程中，施琅固然功不可没，但是如果没有康熙帝的用人不疑，施琅恐怕也很难施展抱负。正当施琅雄心勃勃希望以武力征服台湾时，主抚派在当时占了上风，部分朝臣对施琅不信任。因为他不仅是明朝的降将，而且在1664年前后两次率兵征台未果。最后康熙帝仍然果断地任用施琅，终于使得台湾和大陆统一。

管理者一定要有正确的用人态度，要有清醒的用人意识，要有坚定的用人信心。企业可以有各种监督、考核手段，但并不是在其职权范围内横加干涉。要表里如一，让员工安心工作，而不必花费精力来对付管理者。通过建立科学的选拔和用人机制，创新人才才会脱颖而出。

作为上司，在对下属进行任务分工时也应根据下属的能力和特长进行合理分配，而不能“乱点鸳鸯谱”，否则会造成下属的不满情绪，影响上下级之间的交往，不利于工作的完成。

中国有句俗话：用人不疑，疑人不用。这也是知人善任的一项原则。你应该对你的下属毫无猜疑地信任，这样才能使他们忠实真诚地为你效力，才能使他们负起应负的责任。

要做到信任下属，还应该多听取他们的建议，让他们知道，他们也在参与管理，而不仅仅是被管理者。要记住：请教别人或征求他们的意见，总会使他们感到高兴的。

戒除有失公平的用人心理

出于公心选人、留人、用人，是管理者必须具备的重要心理素质之一。

只有这样的管理者才能任用贤人，不任人唯亲，不拉帮结派；才会用人所长而不浪费人才；才能真心为组织谋良才。管理组织的职位设置和管理的职权有限，而组织内有才华、有能力的人很多，管理者用什么样的人，用谁，是非常棘手的问题。如果不加选择而贸然行事，必将引起方方面面的矛盾，不利于团结和工作。因此，现代企业管理者的用人，要有一个正确的出发点，那就是要出以公心。要以有利于管理组织发展和组织成员积极性的调动为出发点，不讲私情，不搞妥协，不回避矛盾。真正将愿为管理组织作贡献而又有真才实学者提拔任用到各级管理岗位上，以推动组织目标的高效实现。管理者用人，不可能使每个人都满意，只要是出以公心，出于事业发展所需，最终会赢得尊重，赢得人心。因此，管理者在培养用人的公心的过程中必须要善于克服以下几种不良的用人心理。

1. 任人唯亲心理

任人唯亲心理指的是用人者不管德才如何，只是选择那些和自己感情好、关系密切的人，或者任用自己的亲属等。主要表现在以下 4 个方面：

一是“以我划线”。谁拥护自己、吹捧自己，就提拔谁。把自己管理的部门搞成“一人得道，鸡犬升天”的“封地”。

二是“唯派是亲”。凡是帮朋派友，不管是否有德有才，都优先加以考虑。

三是“关系至上”。有“关系”的人起用，没“关系”的人靠边。

四是以血缘关系作为用人的标准。致使组织呈现家族化的倾向。人事上的近亲繁殖，扭曲了用人标准，压抑了他人成长和能量的释放。

这从王安公司的失败中可窥一斑。王安公司曾经实力雄厚，在 1984 年，有 21 亿美元营业额，雇用 24 800 名员工。王安失败的一个重要原因就是缺乏员工之间凝固的社会基础。王安本人受中国传统文化的影响，对本家族外的高层主管不放心，也不信任。当外部环境发生变化，公司经营遇到困难时，他把公司大权交给自己的儿子，本应继任的美国经理却遭到冷落，导致许多有才华的经营主管在关键时刻离开公司，公司业绩一败涂地。

任人唯亲会严重危害企业的发展。这表现在 4 个方面：

（1）阻止了优秀人才的加盟，不利于企业素质的提高。

（2）使经营者大权独揽，独断专行，顾此失彼。

（3）导致员工不思进取，缺乏创新和忧患意识。

（4）导致企业内部争权夺利，缺乏凝聚力。

我国许多企业，包括一些国有企业、私人企业，长期以来发展缓慢，打不出名牌，实现不了竞争规模的重要原因之一就是缺乏使企业发展壮大的社会资本，缺乏对人的信任程度和合作精神。很多私人企业的老板管理手段简单粗暴，武断专横。公司管理结构原始落后，用人方式任人唯亲。企业高层管理者对亲朋好友重点提拔，而对圈外人则另眼相看，不予重任，生怕自己的位置被人剥夺。这样的企业怎能招聘人才，留住人才。入世之后中国的职业管理者要意识到信任的基础不能建立在“血缘”“地域”上，而应该建立在专业化知识与表现上。不管是大鼻子还是小鼻子、黑头发还是黄头发，企业需要的是专业化程度高、热情与激情兼备的职业管理者。

2. 论资排辈心理

这种心理是指管理者把资历深浅、年龄大小和辈分高低作为提升和使用人才的主要依据。提拔干部时，不管他有多大才干，机械地按年龄资历从上往下排座次。虽然资历是历史的记录，在一定程度上反映人们的实践经验，但我们不能把它绝对化，既不能把资历与能力画等号，也不能把资历与水平画等号。人的才能高低与工龄长短、资历深浅有着一定的联系，但资历并不完全与实际才能成正比，成反比的现象也并不罕见。管理者用人论资排辈会给组织带来如下危害：

（1）阻碍了大批中青年人才的成长，与现代科学文化发展规律是背道而驰的。

（2）阻碍了人才竞争，挫伤人才的积极性和创造性，使真才实学的人被压抑、埋没，有才难展，有志难酬。

（3）易使资历深、辈分大一些的人滋长居功自傲心理。

人才使用有一个时效问题，一个人的才能不是一成不变的，而是一个抛物线的过程，从才能显现，到炉火纯青，再到才能衰减。一般认为，管理工作的年龄曲线在 50 岁为峰值年龄；技术工作的年龄曲线在 45 岁为峰值年龄；科学研究工作的年龄曲线在 37 岁为峰值年龄。这就要求我们破除论资排辈的旧观念，抓住各类人才的最佳年龄阶段，不拘一格选拔使用人才。

为人才创造一个公平竞争的环境，同时要大胆提拔、破格使用，在使用中帮助他们克服缺点，这样有助于人才的发挥，有助于组织事业的发展。

3. 信谗心理

在相当多的组织中，总是有那么一些心术不正的人，为达到卑鄙的目的，采用不正当手法，散布流言蜚语，干扰决策者用人决心和意图。使决策难辨真伪，产生偏信谗言的心理状态。造成的恶劣后果是：

（1）压抑优秀人才，良莠不分。对于兢兢业业、埋头苦干、忠厚老实、不愿逾矩的人予以伤害；对于有魄力、有能力、敢于冲破阻力，开拓进取的人予以伤害。

（2）使组织氛围恶化，抑正纵邪、是非不分、忠奸倒置，好人受气、受屈，心术不正之辈弹冠相庆，使组织舆论导向、价值导向偏离正常组织目标。

（3）损害决策者威信。由于信谗言、纵谗言，导致人际圈子越来越小。

有的企业的决策者就是由于嫉妒心理和信谗心理，把好端端的企业搞垮了，人才大量流失，信誉下降，产品销售不出去，最后只得倒闭。

4. 怕担风险心理

在一些人眼里，年轻人办事不牢，个性强的人容易捅娄子，这两种人被提拔进管理班子总是不那么容易通过。尤其在一些国有企业里，年轻人即使进了班子也是往后排，个性较强的“野马”进班子也就更难。怕担风险的另一表现是用人不讲时效。研究证明，很多脑力劳动者，其工作早期是最富有效率的年代，这些人到 40 岁以后，年龄和成就之间往往出现了反比关系。遗憾的是，这些研究成果并未引起用人单位的足够重视，在一些人的眼里，30 岁属“嘴上无毛”之列，40 岁还是“嫩扁担”一根，硬是要等到人家“老”了、“成熟”了以后才给提拔。可悲！

以上几种不良心理状态是管理者在用人过程中很容易出现的，管理者要克服种种不良的心理状态，牢记用人以公，选拔与使用人才都要出以公心，为了组织的长远利益和发展，而不是为了自己或小团体的利益，这样才能为组织发展储备丰富的人才资源。

玩弄权术是用人的大忌

管理之道，唯在用人。人才是事业的根本。杰出的管理者应善于识别和运用人才。只有做到唯贤是举，唯才是用，用人以诚才能在激烈的社会竞争中战无不胜。

管理者在用人过程中要讲究谋略，但是讲究谋略并不等于玩弄权术。对人才玩弄权术是对人才的最大伤害和不尊重，是对人才的浪费，长期这样迟早会使管理者人心背离，给组织发展带来损害。对人才玩弄权术主要表现在以下 8 个方面：

（1）明升暗降，利用手中权力巧妙地夺取实权。

（2）以邻为壑，向下级转嫁困难和灾祸。

（3）声东击西，假意威胁某甲的职位，实则夺取某乙的职位。

（4）浑水摸鱼，局势混乱趁机扩充自己的实力。

（5）收买人心，用不正当手段骗取大家的信任。

（6）以怨报德，借用优秀人才的力量发迹，然后再整倒人才。

（7）以利诱人，用不正当手段拉拢下属，诈骗他为自己效劳。

（8）为所欲为，不择手段地达到自我欲望的满足。

上司对下属使用以上这些权术都会极大地伤害人才的自尊心和自信心，同时其他的下属也会因此而鄙视或者害怕你、在以后的工作中事事防范你，一旦下属对你的人品产生怀疑，你的威信也会大大降低。

用人以长，容人之短

任何一个组织都是众人的集合，有才华出众者，有泛泛如众者，有八面玲珑者，有谨小慎微者，等等。真可谓各色人等，长短不一。用人问题的关键在于，要用人之长，这是管理者用人的眼光和魄力所在。现代管理科学的管理理念是，一个人的短处是相对存在的，只要善于激活他某一方面的长处，那么这个人则可能修正自我，爆发出惊人的工作潜能。

其实在高明的管理者眼里，没有废人，正如武功高手，不需名贵宝剑，摘花飞叶即可伤人，关键看如何运用。

在一次宴会上，唐太宗对王珐说："你善于鉴别人才，尤其善于评论。你不妨从房玄龄等人开始，都一一做些评论，评一下他们的优缺点，同时和他们互相比较一下，你在哪些方面比他们优秀？"王珐回答说："孜孜不倦地办公，一心为国操劳，凡所知道的事没有不尽心尽力去做，在这方面我比不上房玄龄。常常留心于向皇上直言建议，认为皇上能力德行比不上尧舜很丢面子，这方面我比不上魏征。文武全才，既可以在外带兵打仗做将军，又可以进入朝廷搞管理担任宰相，在这方面，我比不上李靖。向皇上报告国家公务，详细明了，宣布皇上的命令或者转达下属官员的汇报，能坚持做到公平公正，在这方面我不如温彦博。处理繁重的事务，解决难题，办事井井有条，这方面我也比不上戴胄。至于批评贪官污吏，表扬清正廉署，疾恶如仇，好善乐施，这方面比起其他几位能人来说，我也有一日之长。"唐太宗非常赞同他的话，而大臣们也认为王珐完全道出了他们的心声，都说这些评论是正确的。

从王珐的评论可以看出唐太宗的团队中，每个人各有所长；但更重要的是唐太宗能将这些人才依其专长运用到最适当的职位，使其能够发挥自己所长，进而让整个国家繁荣强盛。

未来企业的发展是不可能只依靠一种固定组织的形态而运作，必须视企业经营管理的需要而有不同的团队。所以，每一个管理者必须学会如何组织团队，如何掌握及管理团队。管理者应以每个下属的专长为思考点，安排适当的位置，并依照下属的优缺点，做机动性调整，让团队发挥最大的效能。最糟糕的管理者就是漠视下属的短处，随意任用，结果就会使下属不能克服短处而恣意妄为。也就是说，一位不能够明白下属短处的管理者，也不能够明白下属的长处，这是善于洞察下属的管理者力戒的用人误区。如果说，只看到下属的短处而将他抛弃的管理者好比瞎了一只眼睛的盲人，那么只使用下属的短处的管理者则好比瞎了两只眼睛的盲人——成了一个真正的瞎子！

察人所短，因人而用

人之才性，各有长短。宋代司马光总结说：“人之才性，各有所能，或优于德而啬于材，或长于此而短于彼。”用人如器，各取所长。这是现代管理者最基本的管理才能。假如你是一位企业管理者，对待如下不同类型的下属，应当采取不同的用人之道，使他们克服短处，发挥特长，为组织发展增添人力资源：

（1）知识高深的下属，懂得高深的理论，可以用商量的口吻。

（2）文化低浅的下属，听不懂高深的理论，应多举明显的事例。

（3）刚愎自用的下属，不宜循循善诱时，可以用激将法。

（4）爱好夸大的下属，不能用表里如一的话使他接受，不妨用诱兵之计。

（5）脾气急躁的下属，讨厌喋喋不休的长篇说理，用语须简要直接。

（6）性格沉默的下属，要多挑逗他说话，不然你将在五里雾中。

（7）头脑顽固的下属，对他硬攻，容易形成僵局，造成顶牛之势，应看准对方最感兴趣的点，进行转化。

在这里，实际上提出了“管理者用人的前提是如何察人”的问题，做到既要察人所长，用人之长，又要察人所短，因人而用。

对一个人才来说，性情为人也许是天生的。但作为管理者却能够“巧夺天工”地运用，使之能够既显其能，又避其短。以下是10条用人的经验之谈：

（1）性格刚强却粗心的下属，不能深入细致地探求道理，因此他在论述大道理时，就显得广博高远，但在分辨细微的道理时就粗略疏忽。此种人可委托其做大事。

（2）性格倔强的下属，不能屈服退让，谈论法规与职责时，他能约束自己并做到公正，但说到变通，他就显得乖张顽固，与他人格格不入。此种人可委托其立规章。

（3）性格坚定又有韧劲儿的下属，喜欢实事求是，因此他能把细微的道理揭示得明白透彻，但设计到大道理时，他的论述就过于直露单薄。此种人可让他办具体事。

（4）能言善辩的下属，辞令丰富、反应敏锐，在推究人事情况时，见解精妙而深刻，但一涉及根本问题，他就说不周全容易遗漏。此种人可让做谋略之事。

（5）随波逐流的下属不善于深思，当他安排关系的亲疏远近时，能做到有豁达博大的情怀，但是要他归纳事情的要点时，他的观点就疏于散漫，说不清楚问题的关键所在。这种人可让他做低层次的管理工作。

（6）见解浅薄的下属，不能提出深刻的问题，当听别人论辩时，由于思考的深度有限，他很容易满足，但是要他去核实精微的道理，他却反复犹豫没有把握。这种人不可大用。

（7）宽宏大量的下属思维不敏捷，谈论精神道德时，他的知识广博，谈吐文雅，仪态悠闲，但要他去紧跟形势，他就会因为行动迟缓而跟不上。这种人可用他去带动下属的行为举止。

（8）温柔和顺的下属缺乏强盛的气势，他去体会和研究道理就会非常顺利通畅，但要他去分析疑难问题，他就拖泥带水，一点也不干净利索。这种人可委托他执行上级意图办事。

（9）喜欢标新立异的下属潇洒超脱，喜欢追求新奇的东西，在制定锦囊妙计时，他卓越的能力就显露出来了，但要他清静无为，却会发现他办事不合常理又容易遗漏。这种人可从事开创性工作。

（10）性格正直的下属缺点在于好斥责别人而不留情面；性格刚强的人缺点在于过分严厉；性格温和的人缺点在于过分软弱；性格耿直的人缺点在于过分拘谨。这三种人的性格特点都应主动加以克服。所以可将他们安排在一起，借以取长补短。

金无足赤，管理者对人才不可苛求完美，任何人都难免有些小毛病，只要无伤大雅，何必过分计较呢？最重要的是发现他最大的优点，能够为企业带来怎样的利益。

现代管理学主张对人实行功能分析："能"，是指一个人能力的强弱，长处短处的综合；"功"，是指这些能力是否可转化为工作成果。宁可使用有缺点的能人，也不用没有缺点的平庸的"完人"。

人心各异，方法有别

所谓性格，是指人对客观现实的稳固态度以及与之相适应的惯常的行为方式中表现出的个性心理特征。性格是一个人个性的核心，它直接影响到人的行为方式，进而影响到人际关系及工作效率。因此，在管理过程中，根据人的不同性格采用不同的管理方式是提高管理水平的重要手段。俗话说，"人心不同，各如其面"。人与人之间性格差异很大。一般来说，有几类人的性格较为突出，也比较难管理，下面分别作出介绍，为管理者提供借鉴。

1. 脾气暴躁、常与人结怨者

某君自卑感很重。他在工作中表现很认真，也很执着，但不顺利时，他总认为是其他人故意刁难他，为此经常大发雷霆，甚至到领导那里"投诉"，造成办公室火药味浓重，人际关系紧张，直接影响了其他人的工作情绪。

当这类情绪激动、怒气冲冲的员工跑到你办公室“投诉”时，你首先应让他们坐下来，然后仔细聆听他们的谈话，不要发言，因为他们在激动时所说的话往往是杂乱无章的、未经组织的，让他们把事情的经过说完，或者在一定程度上，是让他们宣泄完愤怒的情绪，相对冷静下来之后，再来说明你的处理方法。你不必试图改变一个脾气暴躁的人，也不要敷衍他们，更不能从中转换话题。虽然任何一个公司的纪律都不会要求改变员工的不良性格，但你必须告诉他们，动辄发脾气的人感情上通常不够成熟，要教会他们学习控制自己的情绪，并强调公司不赞成以乱发脾气的方式来解决问题。也可以尝试着给他们安排一些多见文件少见人的工作，鼓励他们多参与同事们的活动，让他们知道他们是跟大伙儿同一阵线的，没人愿意也没有人能阻碍他的工作。

2. 自尊心极重、感情脆弱者

这类人多是一些职位较低的年轻女性，她们大部分刚踏出校门，对纷繁复杂、竞争激烈的社会不太适应。管理者几句提醒她们的话，听在她们耳中，就像被老师当众责骂，心中极为不安，无形中产生了一股压力，对工作丧失信心和兴趣，甚至产生跳槽的念头和行动。

具有这类性格的员工，一般表现比较拘谨，她们总喜欢绷着脸，紧张地工作，遇到困难时诚惶诚恐，对上级说话时语调总是战战兢兢。对待此类员工，说话时措辞要小心谨慎，尽量避免从个人角度出发，多强调“我们”和“公司”。在批评她们工作中的问题时，必须多顾及她们的自尊心。一丝温和的笑容，一句关切的问候，都会增加她们的安全感和自信心。在平时例行的工作中，不妨把握机会称赞她们的表现。再三的鼓励或许让你都感到自己唠叨，但对她们来说却是很受用的，而且有种被重视的感觉。同时，应该让她们明白，在工作中发生错误时，可能是多种原因造成的，不一定与个人能力有关。因此，不必为此感到沮丧和丧失信心。

3. 消极悲观、缺乏自信者

公司召开会议、讨论某项新建议时，有人提出反对是正常的。但你可能会发现，在你的公司里有这样一类人，他们不管提出的建议是什么，从不进行深入的思考，总是一味地阻挠和反对，这不仅会阻碍公司的变革，而且破坏了公司创新的氛围。因此，你必须深入分析他们反对的真正原因。有些人只是因为他们消极悲观，缺乏信心，担心失败。如果你发现某位员工一贯努力工作，对公司忠心耿耿，而且还颇有业绩，只是有些缺乏信心，你可以给他机会，培养他的自信心。例如，你可以找他谈谈你的新计划，让他负责实施。起初，他可能犹犹豫豫，面露难色。此时，你可以请他不要对任何事都采取否定的态度，应该提出积极而且有建设性的意见。如果他怀疑该项计划的可行性时，你就鼓励他找出可行的方法，并且全力帮助他实施，让他体验变革的乐趣及由此获得的成就感。当然，你不要企图使消极、悲观的人一下子变得积极、乐观。你只能让他了解你是个乐观进取、凡事采取积极态度的人，尤其是接洽一项艰巨的工作时，更应以肯定且乐观的态度对待。如果他一向尊重你，多少也会被你感染而产生信心。

4. 溜须拍马、阿谀奉承者

在许多地方，常可见到溜须拍马、阿谀奉承者，他们经常称赞你，且附和你所说的每一句话。如果有这种员工，就必然有爱戴高帽子的上司。尽管各位管理者都会表示自己明智、有自知之明和不介意下属批评，但人们总是喜欢被表扬。有些管理者认为，只要自己不为他们的吹捧而迷惑，他们的表现也不差，就可以任由他们继续奉承下去。但事实上，你的态度，会使他们感觉你默认了这种吹捧，不仅会强化他们的这种行为，还会使他们轻视你，降低了对你的尊重。对待这种下属，在与他们沟通时，无须太严肃地拒绝他们的奉承，也不要任由他们随意夸张。当他们向你卖弄奉承的本领时，你可以说："你最好给自己留一点时间，考虑新的计划和建议，下次开会每个人都要谈自己的意见。"

5. 善于表现、急功近利者

下属中，总不乏雄心万丈、积极进取之人，甚至你能感觉到下属的目标直指你的职位，许多管理者因此而忌才。但是，对待这些急功近利者却不能忽视。因为这种人往往为了个人利益不择手段，影响其他员工的工作情绪和进度，造成人际关系紧张。与急于表现自己的下属沟通，切忌使用单刀直入式，免得让他产生你忌才的错觉，而不接受你提出的任何建议。你可以认真聆听他的建议，适当称赞他的表现，表示你对他有某种程度的赞赏。得到你的称赞，他一定会进一步表现自己，那时你可以漫不经心地告诉他："凡事都得按部就班，这样才会对其他员工比较公平，如果其他人比你更急时，你能容忍他像你现在这样牵着别人鼻子走吗？"你的语调要像平常说笑般轻松，既不伤害他的自尊心，也让他设身处地为其他人想一想。

6. 郁郁寡欢、以为怀才不遇者

这种下属常为自己的才华不能受到重视而终日叹息，缺乏工作热情和积极性。对待这种员工，千万别用类似的打击性语言："你有多少才能呢？像你这样的人，随便可以找到。"这种语言会使他们感到被轻视，变得更加郁郁寡欢。平日对他们要热情，这样会使他们有被尊重、重视的感觉。交代给他们的任务，事后一定要认真过问，如果做得好，别忘记称赞两句。尽管他们在公司里只不过是些小角色，但也可以偶尔邀请他们参加重大会议，鼓励他们勇于发言，并经常给他们提供参与的机会。如果他们同时感觉到机会面前人人均等，他们会更加努力工作的。

总之，虽与有"问题"的下属在沟通和相处方面都会有困难，但作为管理者，必须在可能的范围内，尝试了解他们的性格，并因人而异进行管理，而且要牢记这项工作是非常需要时间和讲究方法的，不可操之过急，否则将会适得其反。

优秀人才流失的原因分析

人才流失是令人痛惜的，管理者们在交流的时候，常常抱怨他们在网罗优秀人才的时候是如何的不易，而失去他们却又如同秋风吹落叶一样难以挽回。是同甘共苦之后期权的诱惑突然失效了吗？还是公司的薪资水平已经不再具有市场竞争力？或者公司的管理结构出现了某种可怕的惰性？或者公司的业务方向发生严重偏离以至前景堪忧？当优秀人才提出辞职时，企业领导人既感到突然，又会在脑袋里闪现出很多的问题，但是每个问题都不能确定。优秀人才的流失的确是令人痛惜的，但也促使管理者进行反省。如果能够弄清楚优秀人才出走的真正原因，或许是这种事件发生后的最大收获。优秀人才为什么选择离开？当优秀人才提出辞职后，和他进行一次促膝交心式的会谈，是十分必要和有益的。通过交流，可以了解他们为什么离开以便采取相应对策及时挽留。即使未能留住，也可以帮助管理者发现公司许多隐藏的问题。

优秀人才选择离开，一般可能有以下几种原因：

1. 对薪资的心理抵触

对薪资待遇不能满意。对更高水平薪资待遇的追求，这是优秀人才跳槽很常见的原因。这种情况的发生一方面可能是由于疏于薪资水平的市场调查，以至公司整体薪资水平失去竞争力。另一方面也可能是公司内部人才评核机制出问题，不能有效地根据职员的个人能力及所承担工作的性质做出适应的薪资安排。

2. 对工作的心理抵触

对所承担的工作有兴趣是最好的工作动力，具有挑战性并且能够充分发挥潜力，是众多优秀人才择业时重点考虑的因素之一。相反，一份枯燥乏味的工作，或者与兴趣相左的工作只能桎梏人的创造能力和消磨人的斗志，无论对公司还是对个人都是一种重大损失。如果薪水可观，或许有些人才还能忍受下去，但是大多数人会毫不犹豫地选择离开。

3. 对管理方式的心理抵触

对管理方式不满。公司的管理结构和管理方式是公司企业文化的重要组成成分。一个好的管理文化，不应该压制员工的创造性，而应该鼓励员工去做新的尝试；一个好的管理文化，不应该禁止员工自主决策，而应该强调效率；一个好的管理文化，不应该对员工的成绩视而不见，而应该对这种成绩适时给予鼓励。但是大多数企业往往并非如此，它们机构设置复杂，工作人浮于事，官僚习气十足，办事效率低下。在这种环境下，一个优秀的人才是很难有展现才华的机会的，也不能经常得到肯定。等待晋职的过程是如此漫长，他们只好选择离开。

4. 对企业目标的心理抵触

对公司的目标缺乏认同。良好发展的公司应该具有非常清晰的短期与长期目标，并且经常安排高层和普通员工参加聚会，以便通过这种交流，公司上下目标能够达成一致，并且逐渐取得共识，从而拧成一股绳齐头并进。一个商业目标不确定的公司是很难留住人才的，除非它有足够的资金和实力，并且允许优秀人才参与制定公司的发展战略。

5. 对个人发展的心理抵触

缺乏个人成就感也是很多优秀员工辞职的原因之一，他们不能容忍总是默默耕耘却没有任何荣誉回报。荣誉对于每一个优秀员工来说，既是必要的酬劳，更是有效的激励，可以使他们以及他们的同事做得更好更出色。个人成就感可以来自很多方面，有晋职上的荣耀，有优越办公条件的气派，也有业务上的开创性和领先性，还有良好的社会反馈以及个人能力的逐步提升。常年从事单一的工作，或者总是为他人作嫁衣裳，缺乏与外界的交流，这种工作往往会使人们烦躁和情绪低落，从而萌生去意。

不要轻易地开除员工

管理者离不开下属。实际上，管理者的业绩往往取决于下属的表现。挑选和培养下属，是优秀管理者的基本技能和责任所在。不过事情总有不遂人愿的时候。那么，在什么样的情形下管理者可以考虑解聘呢？

在员工不能达到期望的时候，不能一味苛责别人或者解雇员工。想一想更有人情味的方法，让下属有机会去学习、去提高、去改变。管理者固然可以按照自己的意愿雇人或者“炒人”，但那些立志成为真正的管理者的管理人员，在动用这一巨大权力时必须慎之又慎，因为它实在是关乎员工的生活与生计。

1. 对偶尔犯错者：多些宽容，开诚布公

管理者解聘员工最常见的原因是某个具体的差错。如果这个差错属于道德败坏问题，解聘就完全理所应当。

然而，优秀的领导人会容忍错误的发生并鼓励下属汲取教训。

20世纪80年代中期，新可口可乐的引入成为曝光度最高的商业失败之一。面对消费者巨大的消极反应，77天之后，传统可口可乐重回市场。尽管大败一场，新可口可乐项目中没有人受到谴责，更没有人被解雇。这个项目的领军人、营销主管齐曼虽然事后离开了公司，但7年之后，他又重回可口可乐，领导全球营销部。公司CEO戈伊木埃塔解释说：“不能容忍错误，我们就会丧失竞争力。如果你的出发点就是避免出错，你就走上了无所作为之路。你跌倒，是因为你在前进。”

原谅齐曼的大错，使公司从中汲取教训，是戈伊木埃塔卓越领导力的证明。新可口可乐失败之后，可口可乐重整营销策略，逐年从百事可乐手中夺回了不少市场份额。

正确对待错误的关键，是要用心良苦地将错误公之于众。如果员工意识到可以对问题进行开诚布公的讨论，他就知道，承认错误、改正错误会得到支持。比起独断、拒斥、惩罚或者解雇，积极的、面对面的交流效果更好。你最终将会看到，业绩、士气和团队精神将因此而大幅提升。

2. 对不称职者：教练指导，助其成长

因为整体上不称职而解聘下属的情况很常见。商业上如此，政治上同样如此。

1980年，英国首相撒切尔夫人在组阁之际不得不作出艰难抉择：“我让豪威尔和扬从内阁离职。豪威尔作为内阁大臣的缺点在他任职能源部的时候就已经显现出来，而他在交通部的表现也证明我的判断没有错。无论是作为反对党还是作为特别委员会主席，他都具有足够的卓越才能，但他缺乏由创造性的政治想象力和实干才能形成的综合素质，这使他不能成为一流的内阁大臣。”

当然，即使下属不称职，一个杰出的领导也应该加以教练和指导，促使他改头换面。进行指导时，尤其要让员工更好地了解他们自身和他们的工作。这可以让他们知道如何改善心态，在面对与业绩相伴而来的焦虑、屈辱和挫折时更讲究方式方法。

如果教练和指导没有达到预期的效果，管理者别无选择，只有裁员。即便如此，管理者本人也要承担部分失败的责任。正像匈奴王阿提拉所说的："首领如果不称职，等级最高的下属也不能接替他。首领失败了，下属也好不到哪去。”

3. 对偏离既有模式者：突破教条，鼓励创新

韦尔奇是近 20 年来最著名的企业领袖。他在职的时候，培养了一大批杰出的管理者人选，密切关注每个人的个人发展，安排他们任职于不同的岗位以获取相关的经验，为他们设定富有挑战性的目标，给他们充分的空间施展才能。据说他还在通用电气设立了一个人才更新系统，让绩效最低的 10% 的雇员离职。

成功的管理者应该是什么样子，成功的企业应该是什么样子，韦尔奇心知肚明，对于不符合的，则坚决剔除。他因此赢得了“中子弹杰克”的绰号。不管怎么说，杰克也许不能保证你永远不下岗，但他却让你永远有能力上岗。

4. 对价值观相异者：协调一致，避免分歧

管理者与下属之间要建立良好关系，保持价值观的协调至关重要。管理者与下属的共同价值观将大体上构成所谓的团队“文化”，也就是这个团体的处事方式。管理者与下属彼此协调一致的价值观是合理行为产生的基础。如果管理者与下属各自奉为圭臬的信条大相龃龉，必然带来团体的“精神分裂”。

撒切尔夫人因善于塑造和坚持一套毫不动摇的价值观而闻名于世。组建新内阁时，她精心挑选那些与她观念相近的人。决定撤换外交大臣皮姆时，

她说："我首先抛下了一个自命为飞行员、但方向感却屡出差错的人。弗朗西斯和我的分歧不仅仅在于政策的导向或者内阁的方针，甚至在于整个的人生观。"

赋予管理者的不光有权力，还有重大的责任。权力之一就是解雇属员。除了少数没心没肺、根本不是什么好领导人的家伙之外，解聘下属总是令人不快和苦恼的。虽然从团体的整体利益来看，解雇一个员工可能合情合理，但也总让人质疑：管理者是否同样应该承担下属工作不力的部分责任。

如果一个管理者是以改革者的身份上任的，他将不得不"炒"掉一批人。然而，做不得不做的事情并不是一个杰出管理者的风范。一个真正杰出的领导人，会带领那些制造了当前困境的同一班人马，突破危局、力挽狂澜。

解雇员工的合理方法

27 岁那年，格雷格·苏德兰斯被解雇了。刚从大学毕业，他就在芝加哥附近一家卖酒的公司当销售助理。苏德兰斯开着那辆"现代奏鸣曲"汽车整日奔波于 74 号州际公路，把一箱箱酒卖给酒店，每周工作 35 个小时，领着约 4 万美元的年薪。但不管工作多么拼命，他从未完成过定额。终于，在一个寒风刺骨的夜晚，上司把他叫到了后台办公室。苏德兰斯甚至还未坐下，一位上司就开始大喊大叫，责备他影响了经营利润，还对苏德兰斯的职业道德心存怀疑，并满腹狐疑地问他对于竟然能够保持这份销售工作有何想法，然后说："你被开除了！"另一名主管自始至终保持沉默，等到同僚说完了，他拍拍苏德兰斯的肩膀，说了几句鼓励的话，然后就叫他走人。根本没有解雇金或是离职面谈。

现年 33 岁的苏德兰斯说："我永远不会忘记那天的感受。不到 5 分钟，他们完全击溃了我的自尊心。即便那位较友善的主管也让我觉得自己如同废物。这绝不是叫员工走人的方式。"

苏德兰斯说，昔日的痛苦记忆给了自己这种启示——怜悯、诚实而不失尊严地解雇自己的员工。1997年，作为国际盖特韦通信公司的IT经理，因为业绩问题他不得不解雇一名技术员。在解雇的同时，他还为这人提供了新职业介绍咨询服务、一笔丰厚的解雇金及介绍未来职业的推荐信。

如何正确解雇员工是很多管理者都不具备或不愿意煞费苦心去培育的一项技能。可对那些留下来的人及走掉的人来说这很重要。如果解雇方式得当，员工会伤心而不是愤然离开。如果弄得一团糟，就会自断退路、使留下来的人感到惊恐并对将来招聘员工十分不利。

人们似乎通常认为，解雇表明组织与管理出现问题，因为过于敏感，所以不愿讨论。但作为管理的一部分，解雇员工与招聘、雇用与留住员工同样重要，是管理一定要学会的行为准则。解雇员工是个敏感的问题，但并不意味着管理者可以不理不睬。不失尊严地解雇员工需要慎重、牺牲与技能。这并不总是很容易，但可以做好。

以下介绍3种解雇员工的方法。

1. 纠正训练

第一步是找出有问题的雇员，然后通知他们没有尽职。管理者应该亲自与该员工面对面地交流。许多公司制定有特殊计划，旨在让员工了解成败攸关时期的重要性。格林莱特公司人力资源总监的普尼特·巴辛开展了一项他称之为“业绩改善计划”的方案，希望把边缘雇员从边缘拉回来。诸如此类的计划通常被称为进步训练或纠正训练。它们的中心内容是设置一段察看期以观察表现不佳的雇员，此间的所有工作活动都被记录在案。这种记录法以人道的方式给员工施加了压力。通过制定一个不太高的目标让员工争取完成，表明公司并非一心想把他们逼上绝路。反过来，这些员工或许会看到恢复好名声的一条康庄大道。然而，倘若他们仍然没有改善业绩，就为解雇提供了理由。

2. “暗示—询问—解雇”

被解雇从来不是件舒服的事，但“暗示—询问—解雇”的方法依据这样一种观念：如果某人已经料到会听到坏消息，那么告诉他就比较容易。解雇通常从这一问题开始："从对你进行察看以来你觉得你的业绩如何？"大多数时候，员工都知道自己的表现不尽如人意，回答时就知道自己即将被解雇。这时，再证实这种怀疑："是的，你想的没错，你将失去工作。"话一说完，再立刻提出另一个问题："对此你怎么看？"

接着雇员通常会表示悲伤，但不会表示愤怒，当他们开始担心即将被解雇时，他们却更容易接受这种不可避免的事情。通常如果加以恰当提示，大多数人都能认识到将发生可怕的事情。出于某种原因，承认这种现实能够消除最初的痛楚。

3. 劝说法

高科技咨询公司SEI采取了另一种手法，力求减轻解雇造成的心理打击。开除工作表现差的员工前，SEI的高层主管会竭力说服他们辞职。人力资源主管罗德·鲍斯韦尔说，这种方法使雇员能够不失尊严地离职，因为决定命运的正是他们自己。这种办法没有痛苦地获得了所需的结果。举例说，由于一位年轻的程序设计员一再拒绝佩戴公司编号，鲍斯韦尔告诉这年轻人：如果不首先辞职，他将被公司开除。结果，那人当天就跳了槽。

一些公司则尽量设法避免解雇员工。柯达公司的信息总监托马斯·奈斯沃纳与其人力资源部门的代表一道制定了一项雇员再培训与再指派计划，以便留住那些处境如同走钢丝般岌岌可危的员工。

解雇员工的时候态度温和极其重要。在解雇时看似无情或高兴的管理者会有招致臭名声的危险。如果解雇时不顾对方的尊严，任何一名雇员都可能在背后议论雇主的过去，从而暗中破坏其目前的工作。解雇时毫不留情留下的恶名不仅会疏远现有的雇员，还会把未来的求职者吓跑。关键在于一开始要处理好。解雇员工可能会影响管理者的名声，但如果善待员工、怜悯而不失尊严地对待他们，你就没必要担心自己的名声。

Chapter 06

如何聪明地激励员工

警察在搜寻犯罪嫌疑人的时候,会把犯罪动机作为一个首要的考虑因素。因为具有犯罪动机的人，犯罪的可能性最大。

这是有心理学根据的。人的某种具体的行为，不会平白无故地发生，只有当他具备了这一行为的动机之后，才会采取这种行为。

在管理当中，管理者要想员工产生努力工作的行为，就要激发他努力工作的动机。这一过程，就是激励。

双因素理论：让你真正理解激励

双因素理论是美国的行为科学家弗雷德里克·赫茨伯格最先提出来的一种理论，该理论解释了影响人们对工作感到满意或者不满意的因素。

20 世纪 50 年代末期，赫茨伯格和他的助手们在美国匹兹堡地区 11 家工商企业机构中，对 200 名工程师、会计师进行了调查访问，调查中他设计了许多问题，例如“什么时候你对工作特别满意？”“什么时候你对工作特别不满意？”“原因是什么？”等，请受访者一一回答。目的是验证下列假设：人类在工作中有两类不同性质的需要，即作为动物要求避开和免除痛苦的需要和作为人类要求在精神上不断发展和成长的需要。

访问主要围绕两个问题：在工作中，哪些事项是让他们感到满意的，并估计这种积极情绪持续多长时间；又有哪些事项是让他们感到不满意的，并估计这种消极情绪持续多长时间。赫茨伯格以对这些问题的回答为材料，着手去研究哪些事情使人们在工作中快乐和满足，哪些事情造成不愉快和不满足。

赫茨伯格从 1 844 个案例调查中发现，造成员工不满的原因，主要是由于公司的政策、行政管理、监督、工作条件、薪水、地位、安全以及各种人事关系的处理不善。这些因素的改善，虽不能使员工变得非常满意，真正地激发员工的积极性，却能解除员工的不满，故这种因素称为保健因素。研究表明，如果保健因素不能得到满足，往往会使员工产生不满情绪、消极怠工，甚至引起罢工等对抗行为。

赫茨伯格从另外 1 753 个案例的调查中发现，使员工感到非常满意的因素，主要是工作富有成就感，工作本身带有挑战性，工作的成绩能够得到社会的认可，以及职务上的责任感和职业上能够得到发展和成长等等。这些因素的满足，能够极大地激发员工的热情，对于员工的行为动机具有积极的促进作用，它常常是一个管理者调动员工积极性，提高劳动生产效率的好办法。研究表明这类因素解决不好，也会引起员工的不满，它虽无关大局，却能严重影响工作的效率。因此，赫茨伯格把这种因素称为激励因素。

传统的观点认为，满意的对立面是不满意。而赫茨伯格的研究发现，对工作的满意感和不满意感不是一个单一的连续体的两个极端，而是截然分开的，即“满意”的对立面是“没有满意”，而不是“不满意”；“不满意”的对立面是“没有不满意”，而不是“满意”。

员工的保健因素没有得到满足，会对工作感到不满意，满足了会对工作感到没有不满意。

员工的激励因素没有得到满足，会对工作感到没有满意，满足了会对工作感到满意。

保健因素偏重于物质激励，可以消除员工的不满意，起到安抚员工的作用，能让员工维持当前的努力水平。

激励因素偏重于精神激励，可以消除员工的“没有满意”，能够激发员工的内在企图心，能够让员工更努力。

过去，人们一想到激励，就想到金钱、晋升等简单的方式。而双因素理论，向管理者打开了一扇窗户，可以窥见员工内心深处的世界。这个理论告诉管理者，还可以通过尊重、信任、赞美、增加工作的趣味性、制造危机、树立榜样等方式，来达到激励员工的目的。

尊重激励法

有一天，松下幸之助在一家餐厅招待客人，一行人都点了牛排。待他们都吃完主餐后，松下便让助理去请烹调牛排的主厨过来。

助理这才注意到，松下的牛排只吃了一半，心想过一会儿的场面可能会很尴尬。

主厨很快就过来了，他的表情很紧张，因为他知道请自己来的人是大名鼎鼎的松下幸之助。

“有什么问题吗，先生？”主厨紧张地问。

“对你来说，烹调牛排不成问题，”松下说，“但我只能吃一半。原因不在于厨艺，牛排真的很好吃，但我已 80 岁高龄了，胃口大不如以前。”

此时，大家都困惑得面面相觑，过了一会才明白这是怎么回事。

“我想当面和他谈，因为我担心他看到吃了一半的牛排被送回厨房，心里会很难过。”

如果你是那位主厨，听到松下先生如此说，会有什么感受？是不是备受尊重？

作为一名管理者，你应该尊重你的员工，让他感觉到他在团队中是有所作为的，是能得到上司肯定的，如果你这样做了，那么他就会回报你更多的东西。

通过尊重员工达到激励的目的，要从以下 11 个方面做起。

1. 用建议取代命令

很多企业管理者，总以为自己手里有权，就可以在别人面前指手画脚，发号施令；就可以对手下人颐指气使，呼来唤去；就可以靠在软绵绵的椅子里，指挥手下去干这个，去干那个。其实，没有人会喜欢这种命令的口气和高高在上的架势！

有些企业管理者总以为自己是管理者就有权力这么做。可是，你要明白，尽管你是管理者，他是小职员，但是，在人格上你们两个是平等的。所不同的是，你们的分工不同，职务不同，而不是在你和他个人之间存在着什么高低贵贱的区别。就算是“管理者”比“下属”具有更多的权力或是其他什么，那么也是由“管理者”这个职务带来的，而不是你自身与生俱来的！

所以，作为企业管理者，如果想让下属用什么样的态度去完成工作，自己就应该用什么样的口气和方式去下达任务。

在日常的管理工作中，管理者应该多用“建议”，而不是“命令”。这样，你不但能使对方维持自己的人格尊严，而且能使人积极主动、创造性地完成工作。即便是你指出了别人工作中的不足，对方也会乐于接受和改正，与你合作。

有一个员工这样说自己的管理者：他从来不直接以命令的口气来指挥别人。每次，他总是先将自己的想法讲给我听，然后问道：“你觉得，这样做合适吗？”当他在口授一封信之后，经常说：“你认为这封信如何？”如果他觉得助手起草的文件需要改动时，便会用一种征询、商量的口气说：“也许我们把这句话改成这样，会比较好一点。”他总是给人自己动手的机会，他从不告诉他的下属如何做事；他让他们自己去做，让他们在自己的错误中去学习，去提高。

可以想象，在这样的管理者身边供职，一定会让人感到轻松而愉快。这种方法，维护了下属的自尊，使他以为自己很重要，从而希望与你合作，而不是反抗你。

迈克尔·约翰是一家小厂的高层管理者。有一次，一位客户送来一张大订单。可是，他们工厂里的活已经安排满了，而订单上要求的完成时间，短得使他不太可能去接受它。

可是这是一笔大生意，机会太难得了。迈克尔·约翰觉得很矛盾。但他没有下达命令要工人们加班加点地干活来赶这份订单，而是召集了全体员工，对员工们解释了具体的情况，并且向他们说明，假如能准时赶出这份订单，对他们的公司会有多大的意义。

“我们有什么办法来完成这份订单呢？”

“有没有人有别的办法来处理它，使我们能接这份订单？”

“有没有别的办法来调整我们的工作时间和工作的分配，来帮助整个公司？”

工人们提供了许多意见，并坚持接下这份订单。他们用一种“我们可以办到”的态度来得到这份订单，并且如期出货。

迈克尔·约翰的这一招很高明。他没有直接下达死命令，让员工们一定要在有限的时间里完成任务，而是充分地尊重下属，把他们召集起来，调动他们的积极性，激发他们的潜能，让他们去接受命令，主动地接受，而不是被动，把“要他做的事情”，变成“他要做的事情。”

所以，如果你要向下属下达命令，让他们做你想要他做的事或是要他改正错误，那就避免使用“命令”的口吻，不妨试试“建议”的方法。

2. 把员工作为合作伙伴

企业是由其成员组合而成，企业的所有者、总经理与员工，在人格上是平等的，在工作上只是扮演的角色不同而已，离开谁都难以成事。因此，员工是管理者的工作伙伴，应以“同事”来称呼他们，这不仅仅是称谓的问题，更重要的是尊重的问题。

3. 对员工说话要有礼貌、客气，避免采用命令式的语气

管理者不能对员工指手画脚，甚至犯点小错误就横加指责。要公平对待每一位员工，不能对性格内向的员工多加指责，即使在自己心情很差的情况下，

也要心平气和地对待每一个人。在工作中，管理者对员工应该肯定多于批评，员工在被肯定之后会有更多的工作热情及创新。不可以乱骂员工，每一次责备都会使他们退缩一次。有更多的自我期待，就会有更多的自我表现。美国科学家富兰克林说过："人总是向被肯定的方向求发展。"所以，尽量以建议来代替批评，效果会比较好。

4. 对员工一视同仁

身为团队领导的你不应被个人感情所左右。不要在一个员工面前，把他与另一个员工的工作相比较，也不要在分配任务和利益时有远近亲疏之分。而且你对每个人说话的语气要公平一致。这意味着，每一个人，包括你自己在内，都要遵守工作标准，在你的团队里，恐吓与歧视是被禁止的。当你有求于部下时，应该尽量避免以命令的口吻，应该抱着咨询的口吻去谈。同样是"你去做这件事"一句话，由于语调的不同，给人的感受就会有很大的差别。对于领导的谦虚，敏感的下属不会浑然不觉的。

5. 尊重员工的私人时间

在许多公司里，大家下班后都不愿很快离开，有些人即使下班后没有事做也要在办公室里多留一会。当自己一天的工作没有完成时应该留下来做完，但没有事情也留在办公室里，表现出一种以公司为家的样子，这是和企业老板的喜好有关的。其实，作为企业的管理者一味地要求员工有着同等的工作热情，总是希望员工们加班（因为老板就是这样），希望员工晚上带工作回家做（因为老板就是这样），还希望员工可以为了工作牺牲家庭（因为老板就是这样），甚至希望员工能将工作视为生命的重心（因为老板就是这样）。是的，身为企业老板当然要以身作则，树立典范，但是不要忘了，以身作则并不代表要以此暗示员工，要求他们做到你所"示范"的每一项事务。大部分员工都希望享受工作，有很高的工作效率及很大的贡献，能力受到肯定，得到应得的薪水；而下班之后他们也可以暂时忘掉工作，享受家庭的温馨，与三五好友聊天，参与某些活动，他们不希望一天 24 小时时时挂念着工作。企业老板、管理者应该尊重员工这个人性的需求，在下班后要求员工工作上的事项尽可能避免，如无法避免也应以麻烦别人的心情和员工来商量。这样做，既能完成工作任务，又能达到激励员工的目的。一举两得，何乐而不为呢。

6. 尊重和包含差异

在我们的工作场所，总是充满形形色色的人，即有各种背景的人、有各种性格的人、有不同生活经验的人，管理者应尊重个别的差异并找出共同点。当员工选择一种生活方式时，作为员工的领导，可以内心不认同，但没有权力去贬低别人，管理者要学会接受别人与自己的不一样。一个好的企业文化是能包含不同个性，塑造共同价值观的文化。人人生而不同，但对工作都会有独特的贡献，身为企业管理者，要学会用不同的方式管理不同的人，切不可只用一种人，用一种方法来做事。要承认人的最大特点是人与人之间存在差异，克服自己的偏见，这样才能使公司更和谐，也更具效率。

7. 尊重员工的才能

当员工在工作上犯错误后，管理者不能用藐视的语气加以指责，特别是对待毕业后刚参加工作的年轻人，更不能嘲笑他们，要多给他们以鼓励，让他们积极地投入到工作当中。

8. 尊重每位员工的贡献

无论这些贡献是大是小，是多还是少，都不应该忽视他们对团队所做出的奉献。打扫工作区环境卫生的保洁员，或是修理机器小部件的修理工，他们都是团队取得成功的必不可少的一部分，要让他们感觉到自己的劳动很重要，给予他们认同感。

9. 尊重员工的不同意见

当员工提出自己的意见时，要认真听取，让员工觉得领导是可信任的，对组织有归属感。人才流动的频率高不高，好的人才能否留住，也是某些企业考核管理者业绩的标准之一。管理者不能因为部下的工作能力比自己强就把人拒之门外。

企业管理者不愿听取员工意见的大致原因是认为员工能力不足，意见不具备参考价值。其实这种想法是错误的。员工能力比你弱或许是事实，但并非他的每个意见都不高明，有些意见可能对方案有补充作用，或者可以通过这些意见本身了解下属在执行中会有什么心态及要求。总之，无论从哪个角度都有必要认真倾听员工的不同意见，因为一个人考虑问题不可能十全十美，况且，就怎样做成一件事来说也很少有标准答案，我们要的是结果，如果大家齐心协力共同完成一个任务，这不是很开心的一件事吗？

10. 尊重员工的人格，不开与员工人格有关的玩笑

对残疾人，或者是在对身高、长相、视力等生理方面有缺陷的人不能当众、背地里取笑。一个管理者能否恰当地运用尊重激励法，是他修养素质的体现。为人谦逊、随和、低调、有礼貌是管理者必备的素质修养，无论管理者的权力、学历、职位多高，也要靠自己的团队协作，单枪匹马是不可能做好工作的。所以管理者一定要尊重员工，这样才能促使他们积极思索，锐意进取。

11. 尊重员工的选择

员工有选择工作的自由，不可将员工的辞职视为背叛。员工选择了来公司工作，那么帮助他们个人成长就是你应尽的义务；切不可把员工的成长当成你施恩的某种结果，并要求员工不断地给予回报，这实际上是典型的封建君臣思想的体现。作为管理者，你需要的是接受员工的选择，对员工的离职完全可以做到“人走茶不凉”。

“山和山难相连，人和人常相逢”，企业管理者是否有雅量可以从对待离职员工的态度中展现。

情感激励法

从点滴做起，付出一点感情，注意一些小事情，让员工们在不经意间感受到管理者对自己的关怀，这是善于激励员工的管理者的共同特点。

作为管理者，应该多花一些精力去关心一下你的下属。例如，下属大病

初愈头一天来办公室上班，难道领导对他的到来会面无表情、麻木不仁，不加半句关切询问，没有一句问候的话语吗？

一些小事可以折射出管理者的品质，员工会通过一些鸡毛蒜皮的小事，去衡量评判领导的为人。小事往往是成就大事的基石，这两者之间是相互联系，相互影响，相辅相成的。管理者要善于处理好这两方面的关系，使两者相得益彰。

其实，只要时刻抱着关爱员工的信念，你就会发觉，一切都可能是你获得员工信赖和支持的途径。

1. 留意节日与员工的生日

节日庆祝与生日礼品不仅仅意味着对员工的关怀，还可以调剂工作氛围。在传统节日到来的时候，可以依据节日内容的不同搞一些适当的活动，如春节的红包、儿童节时送给员工孩子的礼物、中秋节的月饼，等等，将关怀一点一滴地送出。

现代人都习惯祝贺生日，生日这天一般都是家人或知心朋友在一起庆祝。聪明的管理者善于“见缝插针”，使自己成为庆祝的一员。有些管理者惯用此招，每次都能给下属留下难忘的印象。或许下属当时体味不出来，而一旦换了领导有了差异，他自然而然地会想到你。

2. 关注员工的健康状况

对员工健康状况的关注已不仅仅局限于“医护室”的设立，很多知名企业为本公司员工聘请专业的健康咨询公司，其任务就是定期检查员工的身体及精神健康状况，为每个员工量身订制健康计划，从举办健康讲座到公司全员的健身计划。有些企业还与健康中心或当地的健康俱乐部联系，为员工的个人健身提供便利。

3. 下属住院时，亲自探望

一位普普通通的下属住院了，他的上司亲自去探望时，说：“平时你在的时候感觉不出你做了多少贡献，现在没有你在岗上，就感觉工作没有了头绪、慌了手脚。安心把病养好吧！”结果，这个下属感动不已，出院后十分卖力，为他的公司创造出更好的业绩。

有的管理者就不重视探望下属，其实下属此时是“身在曹营心在汉”，虽然住在医院里，却惦记着领导是否会来看望自己，如果领导不来，对他来讲简直不亚于一次打击，不免会嘀咕：“平时我干了好事他只会没心没肺地假装表扬一番，现在我即使死了他也不会放在心上，真是卸磨杀驴。没良心的家伙！”

4. 不要忽视工作餐

午餐对于员工来说，是一日三餐中最重要的。很多员工早上吃早餐匆匆忙忙，晚上可能还要加班，将晚餐时间拖后，所以午餐的营养如何对员工的身体健康来说至关重要。现在很多公司都为员工提供免费的工作午餐，有的公司将午餐外包，有的公司设有专门的配餐部门，但无论是哪些形式，公司领导对午餐的营养搭配、品种选择都要予以关注。必要的时候，应该请专门的营养师进行营养调配，当然，有个性化的营养摄入指导是再好不过的了。

5. 保证员工的工作安全

强调安全工作是对员工生命的尊重和关心，光在口头上空谈安全的重要性是远远不够的。安全信息必须不折不扣地传达到一线并设立规章制度并确保执行。一般来讲，一线领导对于安全责任制度应予以明确。“人”才是公司最宝贵的财富，当工作效率与安全问题发生冲突时，要坚持安全第一的指导思想。

6. 提供舒适的工作条件

员工选择工作团队的时候，工作条件是否舒适是重要的参考因素之一。办公地点的选择，办公环境的布置，上下班班车舒适与否，员工专用停车位的设置等都是员工所要考虑的因素。在公司的某个角落设一个小小的吧台，柔和的灯光下可以看看最近的杂志，对于员工来讲绝对是很大的诱惑。其实大多数的员工对工作都怀有一点小小的虚荣，很多公司在招聘过程中突出工作条件的优越，也是抓住了大家这样的一个心理。

7. 关心下属的家庭和生活

家庭幸福和睦，生活宽松富裕，无疑是下属干好工作的保障。如果下属家里出了事情，或者生活很拮据，领导却视而不见，那么对下属再好的赞美也无异于假惺惺。

有一个电子公司，职员和领导大部分都是单身汉或家在外地，就是这些人凭满腔热情和辛勤的努力把公司经营得红红火火。该公司的领导很高兴也很满意，他们没有限于滔滔不绝、唾沫横飞的口头表扬，而是注意到员工们没有条件在家吃饭，吃饭很不方便的困难，就自办了一个小食堂，解决了员工的后顾之忧。

当员工们吃着公司小食堂美味的饭菜时，能不意识到这是领导为他们着想吗？

8. 避免一切歧视

员工可能来自于四面八方，个体上存在着差异，而且，对于每个人来讲，都有自己的优势，也都存在着自身的劣势。作为团队管理者，要着重强调对于歧视行为的否定，一旦发生，要严格予以批评。否则，将会为此付出员工离职的代价。工作中的歧视一般会发生在口音、身高、体重、皮肤、教育背景、居住地区、婚姻状况、人际关系、口头语等。不要因为这样的歧视行为而吓走或赶走优秀人才，一旦发现这种情况，团队管理者要立即采取果断措施来清除歧视，并明确表示给相关人“呐喊”：这样的歧视是绝对不容许的。

9. 抓住欢迎和送别的机会表达对下属的关心

调换下属是常常碰到的事情，粗心的管理者总认为不就是来了个新手或者走个老部下吗？来去自由。这种思想很不可取。

善于体贴和关心下属的管理者与口头上的“巨人”的做法也截然不同。当下属来报到上班的第一天，口头上的“巨人”也会过来招呼一下：“小陈，你是北大的高才生，来我们这里亏待不了你，好好把办公用具收拾一下！”

而聪明的领导则会悄悄地把新下属的办公桌椅和其他用具收拾好，而后才说：“小陈，大家都很欢迎你来和我们同甘共苦，办公用品都给你准备齐全了，你看看还需要什么，尽管提出来。”

同样的欢迎，一个空洞无物，华而不实；另一个却没有任何恭维之词，但管理者的欣赏早已落实在无声的行动上，孰高孰低一目了然。

下属调走时，彼此相处已久，疙疙瘩瘩的事肯定不少，此时用语言表达领导的挽留之情很不到位，也不恰当。而没走的下属又都在眼睁睁地看着要走的下属，心里不免想着或许自己也有这么一天，领导是怎样评价的呢？此时领导者如果高明，不妨做一两件让对方满意的事情以表达惜别之情。

罗马不是一天建成的。任何事情的发生并不是偶然的。在人的精神世界，那些最大的波澜，最响的雷声，往往是由最细微的行动引起的，这就需要管理者从平常的一点一滴做起，从小处着手，用心去做好每一件小事才能达到“润物细无声”“四两拨千斤”的效果。如果管理者能够在许多平凡的时刻，经常用“毛毛细雨”灌溉员工的心灵，用情感激励员工，他们定会在感动中为企业打拼。

10. 协助员工搞家务

北卡罗来纳州的威尔顿·康纳包装公司雇用了一位有经验的工人，专门协助员工搞家务：粉刷油漆房屋、疏通下水道，甚至加建房间等。所有这些服务项目都只收材料成本费。

11. 照顾员工的家人

愈来愈多的公司认识到，为员工提供对孩子和老人的照顾非常重要。有些先进的公司，例如兰堪斯特实验室、宾夕法尼亚制造商和加利福尼亚制鞋商都在厂内设立托儿所。

12. 为员工的孩子们付学费

纽维尔公司为工作 5 年以上的员工的孩子们支付大学学费。公司总裁理查德·弗兰克说：“如果我们减少了员工对孩子大学学费的担忧，他们就会更集中精力，生产力也会提高。我们重视员工，这是把他们留住的好办法。”

13. 飞机取的都是员工孩子的名字

关怀员工的家庭是赢得他们人心的重要方法。联邦快递公司曾用员工孩子的名字来命名公司的飞机。当这架飞机举行命名典礼时，公司让孩子全家一起参加飞行。

14. 鲜花的力量

德尔塔航空公司的总部办公室在员工生病或家中有丧事时会送上一束鲜花以示慰问。另一家艾奥瓦州德蒙因城的汤赛工程公司是一家肉类加工机械制造厂，所有员工每年都能给亲友和情人送去价值50美元的鲜花，其费用由公司支付。

15. 弹性工作制

由于家庭和个人的需要，越来越多的员工不愿意再按照传统的工作方式进行工作。企业管理者要懂得体贴员工的这种苦衷，除了上述几种方法外，还可以实行富有弹性的工作制度，满足员工个人需要，使之更好地发挥自身的作用。

所谓弹性工作制，就是员工们在确保完成工作任务的前提下，有更多的可供自己自由支配的时间和更大的工作灵活性。弹性工作制的好处很多，它可以使员工能够互相兼顾家庭、工作，并使员工工作的积极性和服务态度都能得到明显的改善。

这一做法的好处在于，员工如果得到企业管理者的支持越多，那么他对企业的忠诚度也就越高，愿意为企业付出的也就越多，尤其在优秀人才成为“香饽饽”的今天，懂得体贴员工的苦衷将使员工和企业保持和谐的关系，为员工充分发挥自己才华创造了一个良好的环境，成为企业管理者更好的激励员工的一个有效手段。

16. 要摸清下属的基本情况

管理者要时常与员工谈心，关心他们的生活状况，对生活较为困难的下属的个人和家庭情况要心中有数，要随时了解下属的情况，要把握下属后顾之忧的核心所在，以便于对症下药。

17. 管理者对下属的关心必须出于一片真心

管理者必须从事业出发，实实在在、诚心诚意，设身处地地为下属着想，要体贴下属，关怀下属，真正地为他们排忧解难。尤其是要把握好几个重要时机：当重要下属出差公干时，要帮助安排好其家属子女的生活，必要时要指派专人负责联系，不让下属牵挂；当下属生病时，领导要及时前往探望，要适当减轻其工作负荷，让下属及时得到治疗；当下属的家庭遭遇不幸时，领导要代表团队予以救济，要及时伸出援助之手，缓解不幸造成的损失。

18. 管理者对下属的帮助也要量力而行，不要开出实现不了的空头支票

管理者分担下属的困难要本着实际的原则，在力所能及的范围内进行。帮助可以是精神上的抚慰，也可以是物质上的救助，但要在公司团队财力所能承担的范围内进行。

对于困难比较大的下属，要尽量发动大家进行集体帮助，必要时可以要求社会伸出援助之手。同时，管理者还要处理好轻重缓急，要依据困难的程度给予照顾，不能“撒胡椒面”搞平均主义，要多“雪中送炭”，少“锦上添花”。

现代社会工作压力大，员工流动频繁。安稳的生活环境和安定的家庭成了员工安心工作的保障。大多数员工的内心中都求安惧变，因此，团队管理活动必须顺应员工的这一心理，领导要让下属感到安稳，要做到这点，就必须帮助下属解决他们的后顾之忧。

关心下属，解决下属的后顾之忧是调动下属积极性的重要方法。如果你是这样一位企业管理者，不仅受关心的人会感激不尽，还会感动其他的员工。作为一位企业管理者，自己要对职工关心施爱，这样做特别有利于自己团队力量的凝结。

赞美激励法

人人都喜欢被人称赞和赞美。

美国历史上的伟大总统林肯曾这样说：“人类本质里最殷切的需求是渴望被人肯定。”美国口才学家威廉·詹姆士说：“人性最深刻的原则，就是恳求别人对自己加以赏识。”

“美国钢铁公司”首任总裁夏布曾说：“促使人将自身能力发展到极限的最好办法，就是赞赏和鼓励。”他同时还指出：“来自长辈或上司的批评，最轻易丧失一个人的志气，我从不批评他人，我相信奖励是使人工作的原动力。所以，我喜欢赞美。假如说我喜欢什么，那么就是真诚慷慨地赞美他人。”称赞是激励员工工作的动力，哪怕只是一句简单的赞语，都会使人感到无比温暖。

美国年利润高达6亿美元的玫琳·凯化妆品公司经理说过这样的话：“有两件东西比金钱和性更为人们所需要——认可和赞美。”的确如此，金钱可以调动员工的积极性，但赞美在这方面则表现得更为有力。

不吝赞美，并不是要你做个老好人，随便赞美下属。赞美下属必须掌握适当的时机，要做到这种境界，确实说起来容易，做起来难。以下是赞美的技巧和方法。

1. 赞美什么

赞美一个人，当然是因为他有出色的表现，但是出色在哪一方面却有所不同，有的人在本职工作中表现突出，做出了出色的成绩。而有的人会在本职工作以外有突出的专长和表现。对这两种情况，称赞和表扬应该有所不同，对于本职工作有突出表现者，管理者对他的成绩进行表彰，会使他更努力于本职工作，并且使他对自己的成绩有成就感，一般情况下，可以起到比较好的效果，但是对于工作以外的成绩，赞美便要慎重一些。

有的管理者对于工作以外的才能表现突出的员工，会这样赞美：“你来做现在的工作，真的走错了路，做那份工作会更适合你的，你在这方面懂的真多呀。”这种赞美无异于给员工下了逐客令，很容易让人认为你在暗示他不适合于现在的工作，这对员工的伤害更大。

但如果你说：“想不到你还是个多面手！本职工作做得好，其他工作也烦你代劳了！”这样，员工就不会敏感地联想到上司赞美的所谓言外之意，也便不会造成彼此间的误会。可见，同是赞美一个人，同是赞美其工作以外的才能，表达不同，效果便会大异。

2. 赞美的场合

赞美，可以有公开的表扬夸赞，也可以有私下里进行的鼓励和肯定。但在现在的社会，在众人面前大加夸赞，也会给“榜样”带来一些麻烦和困扰，使赞美的作用适得其反。

但是，现在有很多领导往往有一种误解，以为在众人面前赞美员工，他必定会心存感激。当然，在众人面前指责员工，会使他难堪，是不当的。但赞美有时也是不当的，作为管理者，必须认识到这一点。

在众人面前过分赞美某员工，会带来很多不便。对于被赞美的人，经常会感到不安，而其余的人，会产生妒忌，你的赞美越多、越重，他们的妒忌会越强烈。如果你的赞美有些言过其实，会使他们鄙夷你，直到怀疑你所赞美的是否属实。

聪明的员工在被当众赞美时，通常会说声“谢谢”便及时离开了。与其说他是害羞，倒不如说他是不习惯周围人妒忌的目光。

因此，在众人面前赞美他人，必须注意两个问题：（1）是否会令赞美的人产生不必要的困扰，比如周围人的妒忌等。（2）赞美是否恰到好处？比如你要考虑赞美的是否实事求是。

3. 暗中赞美

赞美员工时应该注意不要在众人面前大加宣扬。当着被赞美人的面，不要当众给他造成不安。那么，你可以在他不在场的时候，当着他的个别同事的面对他加以赞美吗？这种“暗中赞美”也是不可取的。毕竟，竞争意识人人都会有的，人总是不自觉地和他人进行比较，所谓的优越和自卑也就因为这样的比较而产生。因此，虽然不在大庭广众下称赞某个人，而是在个别职员面前赞美他的同事，由于此种竞争意识和比较，后果也是非常不好的。

所以，在你要赞美的人不在场时应有所考虑，照顾一下在场人的颜面和心理感受。如何才能照顾得周到呢？这的确是一件不容易的事。最好的办法，与其给自己找不必要的麻烦，倒不如不要这样的赞美。你只要做到心里有数，对于当场者给以适当的慰勉，未尝不是件令人高兴的事。

因此，作为管理者，应该避免对于不在场的人进行赞美，尤其不能将在场者同不在场者进行比较，褒扬不在场者，直接或间接地指出在场者的不足，这对于各个方面都没有好处。

4. 赞美新员工

新员工刚开始工作，他往往会从你的话里来估计你对他的印象及评价。因此，你此时的赞美对他工作的开展至关重要，他会因为你的赞美而增添许多自信，因你的肯定而增加工作的热情。当新员工的工作比较令你满意时，你会进行赞美。这时，往往你会戴上一副“有色眼镜”，赞美时总要带上一点特定的词，比如“新人怎样”“新人如何”。这两个“新人”，会让新人有一种很不自在的感受。因为总是以“新人”称呼他们，使他们有一种不受器重的感受，自然很伤自尊心和积极性。另外，管理者如果忽视了他们的个性，抱着新员工本应如此的心态，便会令这些人反感。

为了做好对新员工的赞美，要遵守 3 个原则：（1）要意思单纯，不要让大家误会你的意思。（2）赞美要就事论事，要做具体的赞美。（3）赞美必须是从善意出发。

王杰刚到一家公司，工作认真负责，努力进取。经理对他的表现非常满意，对他说：“现在的年轻人大部分责任心不强，不思进取，而你和他们不同，好好努力吧。”这样一句赞美的话，很容易会使王杰有这样一些想法：“如果我干的稍有点不好，经理肯定会说，现在的年轻人怎么都不行。”无形中，王杰就背了一个思想包袱。

另外，赞美的内容表达得不宜太抽象，否则，不但使下属费解，而且常会使下属误会其中的意思。

参与激励法

让员工参与到企业的决策中，参与到企业的运营管理中，让他们感到自己是企业的一分子，是企业的主人，这可以充分调动员工的积极性和主人翁精神。

参与激励法的应用包括以下各项。

1. 让员工都具有主人翁精神

许多人一提起主人翁精神就想起企业的最高决策人，仿佛只有他们才真正掌握着企业的命运。

这种思维定式严重地限制了员工成为企业主人的意愿，并将员工也排斥在企业之外，从而导致了员工与企业的对立。其实，员工大都想通过自己的辛勤劳作和聪明才智分享企业的经营成果，真正主宰自己在企业中的命运。而这种美好愿望往往会由于“经理”一词的限定而被宣告破灭，真正成为企业主人翁的权利也被无情剥夺。所以，许多员工在工作中不会自发、自觉地创造性地劳动。

这种思维无形的界定在世界著名的美国联合航空的员工身上完全被冲破了，取而代之的是一种“人人都是企业主人”的现象。

在联合航空，员工们从来就没有什么“人家什么都不告诉我”的感觉，因为联合航空的每一位员工都是经营战略信息流程中的一员，每个人都是主人翁。在他们的手中，你会发现许多的规划、设计与战略蓝图等构成的花花绿绿的小册子，它们不同于那些没用的流于形式的本本，而是记载了决定企业未来发展方向与运作的具体部署。在企业里，甚至是刚来的秘书都知道精密电位计是什么，这并不是因为他们的工作要求懂得这些技术，而是因为他们觉得作为一名“经理”应当成为该企业合格的一员，既然企业是“自己的”，工作是“自己的”，那么他们就理所当然会全身心地为企业的经营实效而努力，并自觉为企业的成功承担义务。

主人翁精神是员工在工作中一种切实的体会，这种切实的体会使他们迸发出巨大的工作干劲和奉献热情。

我们每个人都生活在由符号构成的世界中，这些符号是人类创造和延续下来的，并对人们的思想意识产生着很大的影响。那些头衔，诸如经理、总裁等，也是人们用来管理世界的符号，它们在被创造的同时，也被人们定义了。但随着时代的发展、组织的演进，这种定义已经极大地限制了人们能动性的发挥，抑制了一种美好的精神萌芽，那么为什么我们不给它赋予新的含义呢？

作为企业的管理者，你应该明白，企业不只是属于某个人，它是由企业的所有成员共同组成的。既然我们每个人，从经理到最底层的员工在组织中所充当的角色都是为社会提供产品或服务，并从中获取收益，那么企业中的每个人就都是运用生产资料创造物质财富的主人。此时的头衔就不是人们理解的权力的界定，而是职业与职责的描述及员工自尊心体现的地方。

现在，在许多企业内，已经废除了许多经理的头衔。例如 IBM 同 ABC 软件企业合办的一家公司，从 1992 年 6 月起，废除了营业系统、管理各部门的部长、副部长、经理这些管理职务头衔，形成了全企业约 250 人的对等组织，其目的是废除金字塔形组织的上下序列，培养职工以自己的责任为中心来完成自己工作的“职业”意识。

在现代社会里，精明的经理会主动用愿景和事业培养手下那些员工和广大员工的主人翁精神。因为他们知道，主人翁精神并不是只说把自己当成企业的主人这么简单，而是要以一种与企业血肉相连、心灵相通、命运相系的感觉做好每一件事情，面对每一个客户，在每一个成功或者失败的经验里面，渗透出企业以及个人共同的精神气质。那么，如何在企业内部培育这种精神呢？这就需要经理从下面 4 点入手来采取行动。

第一，总的政策由经理来制定，详细的程序由员工来决定，要能给人一定的权限和自由，特别是在目标的制定阶段；

第二，鼓励员工换位思考，培养一种人人都是“经理”的感觉，鼓励大家发表意见；

第三，通过各种看似琐碎的小事让员工切实感觉到自己是“自豪的主人”；

第四，培养企业的“家庭观念”，把企业变成“温暖的大家庭”，员工则自然而然地成为家庭的成员、企业的主人翁。

企业员工的主人翁精神是企业长远发展的动力。当管理者通过愿景和事业激发起手下那些员工的主人翁精神时，他们才会以身作则（在处理日常工作的事务中才敢于当家做主），进而激发广大员工的主人翁精神，大家众志成城，共同推动企业的长远发展。

2. 每个员工都是决策者

在日本松下集团，新员工第一天上班，就会对员工进行毫无保留的技术培训。也许有人会心存疑问，松下公司难道就不怕泄露商业机密吗?

对此，松下幸之助却认为，如果为了保守商业秘密而对员工进行技术封锁，员工就会因为没掌握技术而生产出不合格的产品，从而加大企业的生产成本。这种负面影响，比泄露商业机密所带来的损失更严重。在很多企业，尤其是以脑力劳动为主的企业,其生产根本无法像物质生产那样被控制,所以,信任是唯一的选择。

优秀的企业管理者必须摒弃老一套的管理方式，增强员工的积极性和创造性，不能局限于口头上的信任，而是要尽力做到让全体员工都参与到决策中来。通过参与，凝聚其心，激励其人，发挥其力。除此以外，别无良法。如果管理者真正这样做了，拥有一流的创意、强劲的竞争力以及令人瞩目的企业效益，都将是指日可待的事情。

位于美国佛罗里达州劳德戈尔堡的莫托拉生产线，是用来生产收音机接收器的。由于生产的需要，每个女工要在一个印刷电路板上安装大约 10 个零件，然后传给下一个女工。起初女工们出于新鲜干得十分起劲。但日复一日，单调重复的工作将她们的工作热情消磨殆尽。

该公司总经理了解到这一情况后，决定亲自来管理一段时间。他的第一个举措是：让每个员工组装和检测自己的接收器，并附上一张便条：“亲爱的顾客，这台接收器是由我组装的，我感到骄傲，希望它使您满意，如果有什么地方不好的话，请通知我。”然后签上自己的名字，亲自将产品寄出。

不仅如此，每当厂里要做一项新的决策或准备推行某种改革时，总经理都积极邀请员工参与到新决策的制定中，鼓励她们各抒己见，对自己的每个想法畅所欲言……新的管理措施试行仅 1 个月，旷工和缺勤的现象就奇迹般地消失了。员工的抱怨声也没有了，取而代之的是高昂的士气和高效的工作业绩。面对满脸迷惑的工厂经理，总经理解释说："新制度成功的关键就在于让员工参与，它使工人们为自己的工作感到自豪，让工人们感到自己是不可替代的而不是无足轻重的。"

所以，一个公司在做一项新的决策时，如果能不论职位高低，让员工平等地"走"进来参与制定，便常常能让员工强烈地感受到企业对他的信任。参与的权利使员工感到自己受到了重视，无形中激发出他们的主人翁责任感。而当员工认为公司是"自己的"，工作是"自己的"的时候，他就理所当然地会全身心投入到工作中去。说白了，就是"做自己的工作总比替别人做事更有干劲！"这或许也是对"参与能激励员工"的最佳诠释。

让员工参与的激励方法虽然最经济最有效，但真正做起来却并不容易。那么，管理者究竟如何实施员工参与措施，让员工的热情水涨船高呢？

在通用电气公司，韦尔奇要求公司定期召开一个为期 3 天的研讨会，地点设在会议中心或者饭店。公司的管理人员负责组织一个研讨团。研讨团的成员来自于公司的各个阶层。每个研讨团的组成人数多在 40 至 100 名。会议开始第一天，由一位经理拟定一个大体的活动日程，然后自行退出。下一步是将参加研讨的员工再分成 5 至 7 个小组，每组由一名会议协调员带队。每组选定一个日程，然后开始为期一天半的研讨。在第三天，原先那位经理重新回到研讨会，听取每位代表的发言。在听完建议后，这位经理只能做出三种选择，即：当场同意，当场否决或者进一步询问情况。研讨会操作时间不长，就出现了良好的激励效果。通用电气公司的每个员工都在积极挖掘、释放自身的潜在能量，以百倍的热情努力地做好工作。

通用电气公司的一位高级主管曾无比兴奋地说："我实在想不出，还有什么能比参与更能提高员工的士气。"

在对员工进行激励时，让他们参与进来，这本身就是对他们的一种认可，他们会因为自己的参与而更加的努力工作，这种激励方式会让管理者的激励时效更长久。

3. 一日厂长制

通用电气公司有一种别出心裁的员工参与式管理方法,这就是“一日厂长”制。每一位员工都要写一份“施政报告”，自1983年起，每周星期三就由普通员工轮流当一天厂长。在这一天里，“一日厂长”和真正的厂长工作内容是相同的：9：00上班，先听取各部门主管汇报，对全厂的营运情况进行全面了解，然后巡视各个部门和车间。在“一日厂长”的工作日记中，详细记载其工作意见。而各部门、各车间的主管都要依据这些意见随时改进自己的工作，并在干部会上提交改进后的成果报告并获得通过。各部门、员工提出的报告，先由“一日厂长”签字批准再呈报厂长。“一日厂长”还可向厂长提出自己的意见作为厂长决策的参考。

这样的管理制度为通用电气公司带来了显著的成效，大大节约了生产成本。

4. 本田的参与激励

本田公司就员工参与看作是企业管理中很重要的一部分。本田公司的管理者认为：如今的汽车绝不是十全十美的，有若干地方有待改进，有些改良点还没有人发现。只有时时刻刻这样考虑，才能开发出风格独特的汽车。管理者的工作不过是为技术人员提供能够如此思考的机会。如果管理者能够帮助技术人员成功，也就是在帮助企业成功。

在本田公司，开发工作有十分灵活的特点。新车开发研究所绝不强求员工“必须如此”，也不会严格按照既定方案执行，而是鼓励每一个员工随意发表对车辆开发的所有疑问，并充分讨论这些疑问。日本政府曾经颁布过控制车辆废气的排放标准，为了使摩托车的废气排放降下来，通过新的标准，本田公司的技术人员认为水冷才能达到目标，而本田的创建者本田宗一郎则坚持气冷方式。在公司内部经过了激烈的辩论和多次试验之后，本田宗一郎放弃了自己的观点，而采用了技术人员的建议，采用水冷方式。这样，本田公司创造出了具有划时代意义的低公害引擎CVCC。在本田公司管理者的积极鼓励下，本田的员工不但能够成为“自己走的棋子”，而且为本田公司带来了极大的经济效益。

正是由于本田公司营造出了员工自由参与管理的氛围，才使得本田公司人才层出不穷，企业永葆生机。

5. 福特公司的全员参与制度

美国福特公司在员工管理上提倡一个制度：“全员参与制度”，它赋予员工参与决策的权利，进而缩短员工与管理者的距离。员工的独立性和自主性得到尊重和发挥，积极性也随之提高。公司每年都要制定一个全年的“员工参与计划”，动员员工参与企业管理并向他们说明整体工作的计划和情况。此举引发了员工对企业的“知遇之恩”，员工投入感、合作性不断提高，合理化建议越来越多，生产成本大大减少。

6. 让员工产生认同感

美国一位名叫莫丽·瑞珀特的教授曾做过一项有关员工参与战略规划的研究，这项研究是在美国的一个物流公司总部及其分支机构中进行的。该公司的所有全职员工都参与了调查，其中有 81% 的人完成了调查内容。对调查结果，瑞珀特教授分成两组，分别被称作参与组和限制组。参与组的特点是战略远景清晰，在制定战略决策时员工参与度高，战略决策被员工高度认同等，而限制组的特点是战略远景不明确，战略决策制定的员工参与度低，战略决策缺乏认同等。瑞珀特教授总结道：“工作满意度和组织参与度与企业的参与性文化密切相关，参与度高的那一组显示，对战略决策的认同性是工作满意度的最重要因素，而对战略决策的参与性是组织参与度的最重要因素。”

7. 让员工亲身体验

德国有一家剃刀公司鼓励员工在公司的实验室使用最新开发的剃刀，结果每天有 300 多名员工被请进实验室，让他们其中的一部分人使用本公司的产品，而另一部分人则使用对手的产品。如果员工不参与，他们就得不到各种奖金或福利。员工使用剃刀，就要回答有关质量和造型设计等方面的问题，使用竞争对手产品的则回答另一类问题。员工的反馈意见直接送到技术部门。公司经理克劳斯特说："剃须实验是产品研发不可分割的一部分。员工希望获得成功，他们会给我们最佳、最忠诚、最精确的信息，因为他们是内行。员工加入到每个项目中去，这是一种真正令人自豪的事情。"

榜样激励法

毛主席曾说过："榜样的力量是无穷尽的。"企业管理者要学会利用榜样的激励作用，在企业里评选出几个楷模，为大家树立榜样，这样才能增强员工的上进心，使他们更加努力地为公司工作。

由于榜样深深地影响着人们的一言一行，所以，企业在开发人力资源时，特别是在试图以某种文化去唤醒人们的自觉性时，行为榜样激励是非常奏效的。

麦当劳公司每年都要在最繁忙的季节进行全明星大赛。

首先，每个店要选出自己店中岗位的第一名，麦当劳员工的工作站大约分成十几个，在这些工作站中挑选出其中的 10 个，每个店的第一名将参加区域比赛，区域中的第一名再参加公司的比赛。整个比赛都是严格按照麦当劳每个岗位的工作程序来评定的，公司中最资深的管理层成员作为裁判，他们秉公执法，代表整个公司站在前景的角度进行评估。

竞赛期间，员工们都是早到晚走，积极训练，因为如果能够通过全明星大赛脱颖而出，那么他的个人成长会有一个基本的保障，也奠定了他今后职业发展的基础。

到发奖那一天，公司中最重量级的人物都要参加颁奖大会，所有的店长都期盼奇迹能出现在自己的店中。很多员工在得到这个奖励后，非常激动，其实奖金也就相当于 1 个月的工资，但由此而获得的荣誉却非常大。

可以说，麦当劳是世界上应用榜样激励法最成功的企业之一，但是举行这样的比赛需要把程序化、标准化的工作做在前面，也就是说，岗位要有可以衡量的程序和标准，才能进行竞赛。

行为榜样的激励作用主要表现为以下几个。

1. 示范作用

榜样人物能以其优秀的品德、模范的言行、生动感人的形象来感染人们。他们的为人、功绩是大家直接体验得到的，容易使大家产生感情共鸣，因而乐意去仿效。

2. 凝聚整合作用

典型人物来源于员工，他们的理想、信念和追求具有现实的基础，易于为员工所认同和敬佩，易于产生独特的魅力，使整个企业同心同德，形成整体合力。

3. 舆论导向作用

在一个良好的企业环境中，典型人物的公正主张和远见卓识能够控制舆论导向，起到引导员工言行、强化组织价值观的作用。

4. 调节融合作用

典型人物以其自身影响力，在解决组织内部的各类矛盾、冲突时起着调节融合的作用。他们能以公正的态度判定是非，充分诠释组织企业冲突的立场、原则和手段，化解冲突。

树立榜样不是树立一个高不可攀的“神”，而是在成员身边树立一个可以感觉、可以学习，也可以达到的榜样、标杆。海尔是个以服务、质量著称的制造性企业。张瑞敏为了抓好企业生存的质量关，用流水线普通工人的名字命名了一些工具和操作方法：“启明焊枪”“云燕镜子”“召银扳手”等。这种做法，为生产工人树立了榜样，激发了员工的工作责任心和创造力。正如张瑞敏自己所说：工人的干劲更高了，责任心更强了，产品的优质率提高了。企业能为客户提供真正的优质产品，从而也具有竞争力。

一个企业中必定有众多的候选楷模，就看企业管理者如何去发现和造就他们了。注重组织文化的企业一般都十分看重有个性的员工，他们的独特个性可以与企业的价值观相得益彰。尊重员工的个性，挖掘他们的创意，把他们放在具有创造性的工作岗位上，这在很大程度上是利用有独特个性员工的行为来激励整个企业的员工。

竞争激励法

挪威人喜欢吃沙丁鱼，尤其是活鱼。市场上活沙丁鱼的价格要比死鱼高许多。所以渔民总是千方百计地让沙丁鱼活着回到渔港。可是虽然经过种种努力，绝大部分沙丁鱼还是在中途因窒息而死亡。但有一条渔船总能让大部分沙丁鱼活着回到渔港，船长严格保守着秘密。直到船长去世，谜底才揭开。原来，船长在装满沙丁鱼的鱼槽里放进了一条以鱼为主要食物的鲇鱼。鲇鱼进入鱼槽后，由于环境陌生，便四处游动。沙丁鱼见了鲇鱼十分紧张，左冲右突，四处躲避，加速游动。这样一来，一条条沙丁鱼便活蹦乱跳地被带回到了渔港。这就是著名的“鲇鱼效应”。

鲇鱼是一种生性好动的鱼类，并没有什么特别的地方。然而自从有渔民将它用作保证长途运输沙丁鱼成活的工具后，鲇鱼的作用便日益受到重视。沙丁鱼生性喜欢安静，追求平稳。对面临的危险没有清醒的认识，只是一味地安逸于现有的日子。渔民聪明地运用鲇鱼好动的习性来保证沙丁鱼活着。渔民在这个过程中，获得了最大的利益。

“鲇鱼效应”对于渔民来说，是激励手段的应用。渔民采用鲇鱼来作为激励手段，促使沙丁鱼不断游动，以保证沙丁鱼活着，以此来获得最大利益。鲇鱼效应即采取一种手段或措施，刺激一些企业员工活跃起来积极参与竞争，从而激活团队中的其他成员。其实质是一种负激励，是激活员工队伍的奥秘。在企业管理中，管理者要实现管理的目标，同样需要引入鲇鱼型人才，以此来改变企业相对一潭死水的状况。

当一个组织的工作达到较稳定的状态时，常常意味着员工工作积极性的降低。“一团和气”的集体不一定是一个高效率的集体，这时候“鲇鱼效应”

将起到很好的“医疗”作用。一个组织中，如果始终有一位“鲇鱼式”的人物，无疑会激活员工队伍，提高工作业绩。

“鲇鱼效应”是企业领导层激发员工活力的有效措施之一。它表现在两方面：一是企业要不断补充新鲜血液，把那些富有朝气、思维敏捷的年轻生力军引入员工队伍中甚至管理层中，给那些故步自封、因循守旧的懒惰员工和官僚带来竞争压力，才能唤起“沙丁鱼”们的生存意识和竞争求胜之心。二是要不断地引进新技术、新工艺、新设备、新管理观念，这样才能使企业在市场大潮中搏击风浪，增强生存能力和适应能力。

心理学实验表明，竞争可以增加一个人 50% 或更多的创造力。每个人都有上进心、自尊心，耻于落后。竞争是刺激他们上进的最有效的方法，自然也是激励员工的最佳手段。没有竞争就没有压力。没有压力，组织也好、个人也好，都不能发挥出全部的潜能。

美国企业管理专家认为，没有竞争的后果：一是自己决定唯一的标准；二是没有理由追求更高的目标；三是没有失败和被他人淘汰的顾虑。

当前，我们许多企业办事效率不高、效益低下，员工不求进取、懒散松懈，从根本上说，是缺乏竞争的结果。鉴于此，要千方百计将竞争机制引入企业管理中。只有竞争，企业才能生存下去，员工才能士气高昂。

竞争的形式多种多样。例如，进行各种竞赛，如销售竞赛、服务竞赛、技术竞赛等；公开招投标；进行各种职位竞选；用几组人员研究相同的课题，看谁的解决方式最好等。还有一些“隐形”的竞争，如定期公布员工工作成绩，定期评选先进分子等。管理者可以根据本企业的具体情况，不断推出新的竞争方法。

竞争中要注意的问题是，竞争的规则要科学、合理，执行规则要公正，要防止不正当竞争，培养团队精神。有些竞争不但不能激励员工，反而挫伤了员工士气。如果优秀者受到揶揄，就是规则出了问题，不足以使人信服。

竞争中任何一点不公正都会使竞争的光环消失，如同裁判偏袒一方的一场足球赛。如企业竞选某一职位，员工知道领导早已内定，还会对竞选感兴趣吗？如进行销售比赛，对完不成任务的员工也给奖，能不挫伤先进员工的积极性吗？失去了公正，竞争就失去了意义，只有公正才能达到竞争的目的。

凡是竞争激烈的地方，经常发生不正当竞争，如：不再对同事的工作给予支持，背后互相攻击、互相拆台；封锁消息、技术、资料；在任何事情上都成为水火不相容的“我们和你们”；采取损害公司整体利益的方法竞争等，这些竞争势必破坏团队精神。企业的成功依赖于全体员工的团结、目标一致，而不正当的竞争足以毫不含糊地毁掉一个组织。

为了避免不正当竞争的弊端，第一，要进行团队精神塑造，让大家明白竞争的目标是团队的发展，“内耗”不是竞争的目标；第二，创造一个附有奖励的共同目标，只有团结合作才能达到；第三，对竞争的内容、形式进行改革，剔除能产生彼此对抗、直接影响对方利益的竞争项目；第四，创造或找出一个共同的威胁或“敌人”，如另一家同行业的公司，以此淡化、转移员工间的对抗情绪；第五，直接摊牌，立即召见相关人员把问题讲明白，批评彼此暗算、不合作的行为，指出从现在开始，只有合作才能受到奖励，或者批评不正当竞争者，表扬正当竞争者。

企业管理者应该把竞争机制引入企业管理中，通过员工之间的良性竞争，把员工的积极性调动起来。在具体实施时，可以参考如下做法。

1. 做好岗位备份，让员工时刻感到竞争的压力

给每个员工以公平竞争的机会，每个岗位都要有一个或多个备份，不能一个岗位只有一个人能做，让员工们时刻感受到竞争的压力，要想比竞争对手做得好，就要更加努力工作。

2. 向特殊员工暗示竞争对手的存在

如果某位员工身份特殊（比如当这位部下有高层关系或裙带关系时），工作不积极，却又不好直接给其设立竞争对象，不妨用言语暗示他，让他知道竞争对手的存在，从而激发该员工努力工作。比方说你只要告诉他：“你和谁谁两个人，晋升是指日可待的。”这就等于暗示了他竞争对手的存在，如果再不努力，晋升机会就会与他失之交臂。

3. 为需要激励的员工设立一个竞争对象

当竞争对象不容易找到时，企业管理者不妨设一个竞争对象，让企业员工彼此竞争。比如跨部门设立，或寻找同岗位的兼职等。

4. 引入外来竞争对象

如果员工不思进取，而该部门的效益又不错，就果断地招聘新员工，为其设立竞争对手。如果员工在有新的竞争对象后依然不思进取，留之无益，不如辞退。

5. 用裁员威胁逼迫员工主动展开竞争

对于经营状况不理想，而员工又不愿努力工作的部门，不妨向他们挑明公司裁员的打算，让他们主动展开竞争。在使用这一策略时，企业管理者需要根据公司实际情况谨慎为之，不可草率行事。

6. 设置竞争对手

华夏钢铁公司的经理王林在管理自己的员工时，就成功地使用了“设置竞争对手”的激励方法。

有一次他对一个一向很努力的熟练工人说：“老罗，我安排你做的一件事情为什么这么慢才做出来呢？你怎么不能像方华那样快呢？”

对方华，他却是这样说的：“方华，你做事为什么不能以老罗为榜样，像他那样高效呢？”

不久后，方华刚出差回来，王林便留下一张纸条叫他做好一个铸件，马上送到铁道开关及信号制造厂去。这个条子是周六写的，但是周日早上方华便把这件事办好了。

周日清晨，王林在制造厂里看见了方华，便问：

“方华，你看见我留下的纸条了吗？”

“看到了。”

“你什么时候去铸呢？”

“我已经铸好了。”

“啊？这是什么时候的事情啊？你真的已经做好了吗？”

“是的，我已经铸好了。”

“现在在哪里啊？”

“我已经将它送到制造厂里去了。”

王林听了欣喜异常，因为他找到了一条激励员工提高效率的好方法，并为这种方法如此有效感到惊奇。而对方华来说，王林的嘉许让他倍感鼓舞，觉得上司很欣赏自己。

7. 无言的激励

查尔斯·施瓦斯是美国著名的企业家，他属下的一个子公司的职工总是完不成定额。该公司经理几乎用尽了一切办法——劝说、训斥，甚至以解雇相威胁，但无论他采用什么方法，都无济于事，也就是说，工人还是完不成定额。有鉴于此，施瓦斯决定亲自到该公司处理这件事。

施瓦斯在公司经理的陪同下到公司巡视。这时，正好是白班工人要下班，夜班工人要接班的时候。施瓦斯问一位工人：

“你们今天炼了几炉钢？”

“5 炉。”工人回答说。

施瓦斯听了工人的回答后，一句话也没说，拿起笔在公司的布告栏上写了一个“5”字，然后就离开了。

待夜班工人上班时，看到布告栏上的“5”字，感到很奇怪，不知道是什么意思，就去问门卫，门卫将施瓦斯来公司视察并写下“5”字的经过详细地讲述了一遍。

次日早晨，当白班工人看到布告栏上的“6”字后，心里很不服气：夜班工人并不比我们强，明明知道我们炼了 5 炉钢，还故意比我们多炼 1 炉，这不是明摆着给我们难堪，让我们下不了台吗？于是，大家劲儿往一处使，到晚上交班时，白班工人在公布栏上写下了“8”字。

智慧过人的施瓦斯用他无言的挑拨，激起了公司员工之间的竞争，最高的日产量竟然达到了 16 炉，是过去日产量的 3. 2 倍。结果这个平日落后公司的产品产量很快超过了其他的公司。

施瓦斯利用人们“好斗”的本性，用他无言的挑拨激起了公司员工之间的竞争，不仅巧妙地解决了该厂完不成定额的难题，还使工人们处于自动自发的工作状态。当然，最终的受益者不言自明了。

8. A、B、C、D 四级报告制度

日本松下公司每季度都要召开一次各部门经理参加的讨论会，以便了解彼此的经营成果。开会以前，把所有部门按照完成任务的情况从高到低分别划分为 A、B、C、D 四级。会上，A 级部门首先报告，然后依次是 B、C、D 部门。这种做法充分利用了人们争强好胜的心理，因为谁也不愿意排在最后。

9. 我们的排名如何

美国西南航空公司的内部杂志经常以《我们的排名如何》这篇文章让员工知道他们的表现如何。在这里，员工可以看到运务处针对准时、行李处置、旅客投诉案 3 项工作的每月例行报告和统计数字，并将当月和前一个月的评估结果作比较，制订出西南航空公司整体表现在业界中的排名。还列出业界的平均数值，以利于员工掌握趋势，同时比较公司和平均水准的差距。西南航空的员工对这些数据具有十足的信心，因为他们知道，公司的成就和他们的工作表现息息相关。当某一家同行的排名连续高于西南航空几个月时，公司内部会在短短几天内散布这个消息。到最后，员工会加倍努力，期待赶上人家。这样，西南航空的员工就永远处于不断前进的状态中。

晋升激励法

麦当劳是如何把一个普通毕业生培养成为成熟管理者的呢？原来，麦当劳实行了一种快速晋升的制度：一个刚参加工作的出色的年轻人，可以在 18 个月内当上餐馆经理，可以在 24 个月内当上监督管理员。而且，晋升对每个人是公平合理的，既不作特殊规定，也不设典型的职业模式。每个人主宰自己的命运，适应快、能力强的人能迅速掌握各个阶段的技术，从而更快地得到晋升。

职位晋升是企业较为有效的激励方法，不仅可以增加员工忠诚度，减少员工流失，还可以提高组织的效率。但切记：晋升激励一定要运用到有能力完成工作并达到管理者期望的员工身上。

1. 职位阶梯

职位阶梯指一个职位序列所列出的职位渐进的顺序，包括每个职位的头衔、薪水、所需能力、经验、培训等能够区分各个职位的不同方面。管理者可以将职位阶梯展示给员工，让员工有向上努力的目标和方式，从而达到激励的目的。

2. 职位调整

对于那些职位发展空间非常局限的一小部分员工而言，职位调整是最好的激励方法。企业可以通过相关的职位调整，使这部分员工找到更适合自己的工作岗位。对员工而言，这是一次晋升的机会；对企业而言，可以让员工发挥更大的潜力，作出更大的贡献。

3. 职位竞聘

即允许当前所有的员工来申请晋升的机会。通过职位竞聘可以增强员工的动力，同时减少了由于主管的偏爱而产生的不公平晋升的可能。但管理者在职位竞聘过程中，必须对所有应征者作出评估判断，并对被淘汰的应征者作出合理的解释。

4. 职业通道

即员工的职业发展计划，一般会明确特定的职位，代表不同的可选择的发展道路，以及员工要达到晋升条件所需的培训。企业与员工共同制定适合员工发展的职业通道，可以让员工更加专注于自身未来的发展方向并为之努力。

对企业而言，晋升激励是一种很实用的激励方法，但在作出晋升决策之前，管理者必须对晋升员工进行绩效评估，以确定其资历和能力是否可以胜任所要晋升的职位。

（1）职位需求评估。有时，在管理工作中很难去界定新职位要完成新任务所需的能力和技能。但管理者可以使用那些通常在做晋升决策时会考虑到的主要资源：如员工主管的推荐、绩效评估的结果、测评中心的测评结果、在组织中的工作经验、员工个人的职业目标和教育背景。

（2）情境因素评估。管理者还需要考虑员工在新职位之前所处的情境，因为情境的变化会影响候选人的绩效。在管理中已不倾向于使用这种评估方法，因为管理者已经习惯与员工朝夕相处，但情境因素常被证明是找出错误的有效方法。

（3）候选人资格评估。管理者要做的第三步是评估候选人的资格。其包括新工作所需的知识、技能和个人品质以及候选人的能力和资历。最佳的候选人应该达到新职位的最低标准，并将获得这一职位。

在运用晋升激励的时候，管理者要谨慎地设立目标、规范晋升决策，给所有的员工以平等的机会。同时，管理者应该基于候选人的绩效进行评估。除此之外，管理者要经常和员工讨论这一系统，该系统应当被员工和管理者双方所接受。这样，管理者就能够作出有效的晋升决策、使员工得到更好的激励和回报，并实现组织绩效得以改进的目的。

5. 规范晋升的途径

也就是说，为每一个员工指明他所在的岗位应该朝哪个方面晋升。这个晋升不是指个人的晋升，而是指这个岗位未来的晋升方向。比如，你现在是文员，那么这个岗位的下一步晋升方向是高级文员；你是一般工程师，这个岗位的晋升方向是主任工程师。规范晋升途径，就是将所有的岗位分为几个岗位群，每一个岗位都能在自己所在的岗位群中，从下到上，一步一步地上升。很多企业晋升激励存在的问题是没有晋升途径，一个员工在一个岗位干了十几年，除了工资稍有上升外，其他的都没有变。

6. 建立晋升的阶梯

在规范了晋升的途径，即指明什么岗位从哪个路径上升之后，接下来就需要建立晋升的阶梯，也就是说，要指明这条路径上有多少岗位，分布如何。指明管理人员走行政类、营销人员走销售类、工程师走技术类、文员走行政事务类，即规范了晋升的途径。以销售类为例，具体规定出销售人员的岗位分为客户主任、高级客户主任、客户经理和高级客户经理，并对每个岗位进行分级，则是建立了晋升的阶梯。作为销售人员，就可以在这个途径上，一个岗位一个岗位地、一级一级地通过考核不断地得到晋升。

规范了类别途径，建立了晋升的阶梯，就为员工的职业生涯打通了道路。这样，员工就可以目标明确地通过努力不断地得到晋升。就像一池水一样，水还是这么多水，如果你让它不断地在旋转，在流动，哪怕在内部流动，这个水就是活水。同样，通过绩效考核、能力考核和不断的晋升，员工就可以被激活，他们就能够不断地提高自己的业绩，提升自己的能力，企业也因此而得到持续发展的机会。

7. 制定晋升标准

规范了晋升途径、建立了晋升阶梯，并不意味着员工只靠工作年限就可以自然地晋升。也就是说岗位并不是轮着坐的，它是有一定的标准的。具体而言，这一标准应该包括 3 个部分：

（1）岗位的任职资格要求，具体包括：学历、专业、专业年限、同行年限、同等职务年限等。

（2）岗位的能力要求，即适应这一岗位所需要具备的能力。

（3）绩效要求，即晋升这一岗位所需达到的绩效标准。

在实施晋升激励的过程中，应该严格按照标准进行。此外，晋升不应该仅仅是正向流动的，也应该有负向的流动。也就是说，晋升标准应有两个，一个是向上晋升，一个是向下流动，从而做到员工有升有降。对于符合晋升标准的要给予晋升，对于符合降级标准的要向下降级。

危机激励法

美国旅行者公司首席执行官罗伯特·薄豪蒙说：“我总是相信，如果你的企业没有危机，你要想办法制造一个危机，因为你需要一个激励点来集中每一个员工的注意力。”

员工除了有被重视、被信任、被尊重的需要，还有猎奇好动、探索的需要。“危机”的出现可以满足员工的这一需要，刺激员工试行自己工作的新思路，并且鼓励和支持他们去冒险，满足个人抱负。作为管理者，可适当创造一点危机感，给员工提供一些动力。

试想，如果公司的一切都在平稳中进行，任何事情都平淡无奇，没有什么问题，那么，工作自然也就不需要，更谈不上什么积极性和创造性了。这时，管理者可以适当地运用“危机”手段，将公司“搅拌搅拌”，让员工“活”起来。事实上，人们常在承受着“危机”的巨大压力下获得成功。

通用电气公司正是通过这一渠道，有效刺激员工的想象力，得到新的思路和方法。即使是银行，也会因危机的降临而发生变化。

当然，制造一个危机并不是去搅乱企业的现况（哪有这样的傻瓜！），而是去创造一个机会，提升到更高的层次。

危机激励犹如一个人在森林中被猛兽追赶，他必须以超出平日百倍的速度向前奔跑。对他来说，后面是死的危险，而前方则是生的机会。

正如美国前总统肯尼迪所说：“在中文里，危机是由两个词组成的。第一个是危险；第二个是机会。”

“时不时提醒你的员工，企业可能会倒闭，他们可能会失去工作。这样可以激励他们尽其所能，不至于怠慢企业和工作。”美国的 J. M. 巴德维克博士曾这样说。

每个企业都生存在环境中，环境中的诸多因素都会影响乃至干扰企业的正常运营，这些因素共同构成了企业经营过程中的风险因素。在竞争的舞台上，面对着众多的风险，有的企业成功了，有的企业却遭到失败，甚至从此一蹶不振，以破产而告终。

成功固然可喜，失败也未必可悲，关键是要从中吸取经验和教训。正如松下幸之助所说：“不论一个人现在拥有多么伟大的事业，他绝不会不曾遭遇过失败。做事总会遭遇失败，但在每一次的失败中要有所发展，经过无数的体验后，在期间逐渐成长，最后，在自我心中产生某种伟大的信念，才能完成伟大的事迹。最重要的是，当遭遇失败而陷入困境时，要勇敢而坦白地承受失败，并且认清失败的原因。领悟到：‘这是非常难得的经验，最宝贵的教训’。”这说明，危机因素可以转化为企业发展的动力，不能因为惧怕挫折、困难、失败和危机而痛失企业发展的良机。

所以，管理者不但要有时刻面对危机的意识，更要善于制造危机感，消除员工的惰性，要让员工不满足于企业现状，通过有效的竞争激励措施把这种危机感所产生的紧张转化成生产力，从而激发和提高员工的工作热情和主动性。

实际上，创造工作中的危机感对企业和员工都不无好处。为什么？太过稳定，一般会影响员工的工作绩效。工作稳定，长久以来一直是员工的权利。如果员工认为企业“欠”他们的，没必要靠努力工作获得报酬，他们的效率就会降低。

这不仅对企业造成损失，对个人也许贻害更深。如果对自己的工作不负责任，就不会去学习如何应对变化。那么，当变化不可避免时，他就束手无策，坐以待毙，这恰恰会带来真正的危险。

工作有危机感是好事。毫无危机感的企业必须制造适当的危机感来激励员工，让他们感到自己的工作离不开这种危机感。事实确实如此，当员工战胜他们面临的挑战时，他们就会更加自信，对企业做出更大的贡献。成为对企业有所贡献者，是工作稳定的唯一途径。

如果员工无论业绩多么差都能高枕无忧，就可能造成一种无所谓的企业文化。任何企业中都可能存在“无所谓文化”，员工无所事事，却认为企业“欠”着他们的，因为管理层创造了一种“应得权利”的文化。在“无所谓文化”中，员工更注重行动而不是结果。

员工有这样的思想和行为，是因为当他们失败或企业濒临倒闭时，不会对他们带来任何不利后果。他们不断闯祸，却一次又一次地蒙混过关。

要打破员工“无所谓文化”，或调动那些唯恐失去工作的员工的积极性，就得在风险与稳定之间建立适当的平衡点。如果员工觉察不到危机感，就必须创造一种环境，让他们产生不稳定感，不能让他们麻木不仁。心理学上的两个重要发现解释了这种现象：

（1）随着焦虑程度的加深，人的业绩也会提高。当焦虑度达到一个理想水平时，业绩也会随之达到最高点。不过，如果焦虑程度过高，业绩也会下降。

（2）当成功概率达 50% 时，人们取得成功的动力最大。换句话说，如果人们追求的目标或接手的任务具有挑战性，但仍有极大可能成功时，人们追求目标或接手任务的动力最大。

企业的员工一般处于以下 3 种状态之中。

第一种状态是无所谓。这种状态下，员工面临的风险极低，凡事都想当然，不管他们表现多么差，都有安全感。

第二种状态是身处恐惧中。风险或焦虑度太高，凡事谨慎，不管他们表现多好，还是没有安全感。

第三种状态是努力获得。这种状态下，风险程度适中，员工会因为面临适当的挑战而发挥最好水平。这是唯一真正富有成效的状态，员工肩负着足够的风险，珍惜自己的努力所得。而这点恰好使他们能获得满意的结果。

企业要繁荣，员工要发展，努力获得是每位员工应有的态度。在这种环境中，员工和企业创造性喷涌，灵活善变，努力获得那些真正重要的结果，才会成功。

要引导员工走出无所谓文化，一定要确保他们明白当今的经济现状中潜伏着不尽的威胁：客户可能拂袖而去，企业可能倒闭，员工可能失业。说服那些充满恐惧的员工获取安全感的最好途径，是帮助企业实现最为关键的目标。没有成功，就没有企业，也就没有工作。

不时提醒你的员工，企业可能会倒闭，他们可能会失去工作。这样可以激励他们尽其所能，不至于怠慢企业和工作。

激励专家认为，通过以下措施，可以有效地树立员工的危机意识。

1. 向员工灌输企业前途危机意识

企业领导要告诉员工，企业已经取得的成绩都只是历史，在竞争激励的市场中，企业随时都有被淘汰的危险，要想规避这种危险，道路只有一条，那就是全体员工都努力工作，才能使企业更加强大，永远处于不败之地。

2. 向员工个人灌输他们的个人前途危机

企业的危机和员工的危机是连在一起的，所以所有员工都要树立“人人自危”的危机意识，无论是公司领导班子还是普通员工，都应该时刻具有危机感。告诉员工“今天工作不努力，明天就得努力找工作”。如果员工在这方面达成共识，那么他们就会主动营造出一种积极向上的工作氛围。

3. 向员工灌输企业的产品危机

企业领导要让员工们明白这样一个道理：能够生产同样产品的企业比比皆是，要想让消费者对企业的产品情有独钟，产品就必须有自己的特色，这种特色就在于可以提供给顾客的是别人无法提供的特殊价值的能力，即“人无我有，人有我优，人优我特”。

总之，企业唯有不断地向员工灌输危机观念，让员工明白企业生存环境的艰难，以及由此可能对他们的工作、生活带来的不利影响，才能有效激励员工自动自发地努力工作。说服那些充满恐惧的员工获取安全感的最好途径，就是帮助企业实现最为关键的目标。告诉员工，如果他们不努力工作，就不会有成功，就不会有企业的繁荣，也就没有了工作。

惩罚激励法

惩罚不仅是一门学问，还是一门艺术，是一门能打动人心灵的艺术。企业的管理者要怎样惩罚，才能做到既让员工虚心接受惩罚，又能让人心不会涣散呢？答案就是将惩罚艺术化。通过惩罚，让员工学有所得，这样的惩罚对于员工来说，才会变得有意义得多。

奖励和惩罚都是企业管理者激励员工的方式，但惩罚有时候比奖励对人的“刺激”更大。

惩罚的最高境界在于能让受罚者心存感激，并加倍努力。惩罚绝不只是冷酷无情，人性化的处罚可以变得像正面的表扬一样具有激励性，甚至更为有效。惩罚的目的是让员工自己认识错误，从而积极改进，而不是在领导强制要求下成为一种被动行为。

在管理工作中，管理者都会遇到这样一个问题：对待员工是以激励为主还是以惩罚为主。激励为主是通过激发员工的工作热情来提高工作效率；惩罚为主是通过严惩来规范员工行为，使员工在制度约束下集中精力工作。事实上，实际工作中要求两者并用，恩威兼施，赏罚分明。问题是有些管理者更看重惩罚，而不屑于激励。他们似乎觉得不惩罚不能起到杀一儆百的作用；不惩罚就不能体现规章制度的严肃性；不惩罚就不能显示管理者的威严。惩罚是管理中一种必需的手段。但是当员工犯了错误的时候，惩罚并不是唯一的选择。如果能变惩罚为激励，运用惩罚的手段达到激励的目的，甚至可以达到单纯奖励所不能达到的效果。这就是惩罚的艺术性、管理的艺术性、领导的艺术性。变惩罚为激励，变惩罚为鼓舞，让员工在接受惩罚时少一点抵触，多一点振奋，进而达到管理的目的，这是单单靠规范和约束所不能做到的。

惩罚作为一种教育和激励手段，是要讲究惩罚艺术的。这样不仅可以消除惩罚所带来的副作用，还能够收到既教育被惩罚者又教育了别人，化消极因素为积极因素的效果。实行惩罚要注意以下 4 点。

1. 惩罚与教育相结合

首先，要注意先教后“诛”，即说服教育在先，惩罚在后，使人知法守法，知纪守纪。这样做可以减少犯错误和违纪行为，即使犯了错误，因为有言在先，在执行法纪时，也容易认识错误，乐于改正。如果不教而“诛”，则人们就会不服气，产生怨气。其次，要做好实施惩罚后的思想教育工作，使他能正确对待惩罚，帮助他从错误中吸取教训，改正错误。惩罚的目的是使人知错改错，弃旧图新。因此，要把惩罚和教育结合起来。

2. 一视同仁，公正无私

惩罚对任何人都要一视同仁，要以事实为依据，以法律为准绳，不能感情用事。对同样过错，不能因出身、职位、声誉和亲疏缘故而处理不一，表现出前后矛盾，甚至轻错重处，重错轻处。这样的惩罚只会涣散人心，松懈斗志，毫无激励的价值。

3. 掌握时机，慎重稳妥

一旦查明事实真相就要及时处理，以免错过良机，造成更大危害。适时是指掌握恰当的时机，瞧准火候。什么是惩罚的最佳火候呢？其一，事实已查清；其二，当事人已冷静下来，对问题有所认识；其三，其错误的危害性要为群众所意识到。具备这三个条件，就是惩罚的恰当时机。这 3 个条件要靠惩罚者去创造，不能消极等待时机。惩罚，还应注意稳妥，不能一味蛮干，有的适合放一放，以免激化矛盾。特别是对一个人的首次惩罚，更要慎重稳妥，要讲究方式、方法。当然，也不能久拖不办，否则，时过境迁，就会降低惩罚的效果。

4. 功过分明

功与过是两种性质完全不同的行为要素。功就是功，过就是过，不能混同，也不能相互抵消。因此，在实施激励时，有功则赏，有过则必罚，功过要分明，绝不能因为某人过去工作有成绩或立过功，就对他所犯的错误姑息迁就。这样做对他自己、对集体都没有好处，只有害处。同样，也不能因为一个人有了错误，而一笔抹杀他过去的成绩，或对他犯错后所做的成绩不予承认，不予奖励。这样做也是不利于犯错误者进步的。对于一个人犯错误后作出的成绩，更应该注意给予肯定和奖励，这样才能使他们看到自己的进步。

目标激励法

皮尔原来只是美国一家软件公司的普通职员。从他大学刚毕业走进公司的第一天起，他就为自己定下了一个目标：用两年时间当上部门经理。从那天起，“部门经理”就像一面旗帜，他没有一天不按部门经理的身份要求自己。目标真是一个奇妙的东西，它使皮尔每天都被工作的疯狂激情驱使着，虽然这样工作起来有些累，但劳累过后，看着自己的工作业绩，他便能体会到生活的幸福。

到公司不到1年，他就被提拔到了主管的岗位上，他工作起来更加努力了，为此他牺牲了许多娱乐和休闲时间。有了目标，他不觉得工作是累的，而是一种享受。事业像一列巨大的火车，他就在车上跟着时代的步伐向前跑，不达目标誓不罢休。他的工作能力和工作业绩得到了公司总裁的肯定，在当上主管不到半年的时间里，他就被提升到了部门经理的职位上，成为公司里提拔最快的、最年轻的经理。

皮尔为什么能从普通职员岗位上，迅速升至主管，不久后又升任部门经理？这就是他有目标随时鞭策自己的缘故，这也是目标在一个人身上发挥神奇效能的有力例证。

目标激励法的应用，应从以下几个方面入手。

1. 团队目标要与个人目标联系起来

在实行目标激励的时候，要求企业管理者能够将大家所期待的未来着上鲜艳的色彩，同时也要对实现目标的过程进行规划。在实施激励的过程中，应该避免只是空谈目标而在日常工作中将其弃之一边的情形发生。若要把企业目标真正地建立起来，就要将崇高远大的情感传达到员工那里，并从他们那里得到发自内心的回应，使他们真心诚意地投入到工作中去。

在激励过程中最重要的是灌输目标的整个过程，这需要企业上下开诚布公地全面参与，使员工自觉将个人理想与企业目标联系起来。

企业提出明确的目标，并由管理者有效地与员工进行沟通和传达，让每一个员工都明白自己所做的工作，这对于实现企业的目标具有极其重要的作用。以明确的奋斗目标来激发员工的斗志，并让员工把个人目标和企业目标良好地结合起来，从而增强员工的责任感和主动意识，让每一个员工都为同一目标而不断努力奋斗。

在企业组织中，每个员工都或多或少地有所期望，但这种期望并没有形成一种动力，就如同每个人都希望拥有漂亮的房子但却没有设计蓝图一样。因此，成功的管理者就是要发掘员工的期望，并把这种共同的期望变成具体的目标，而一旦这个具体的目标或理想生动鲜明地体现出来，员工就会从思想上产生一种共鸣，就会毫不犹豫地追随你。形象地说，管理者利用明确而具体的目标激励员工，就是充当一个“建筑师”的角色，“建筑师”把自己的想法具体地表现在蓝图上，让“建筑”的形象生动鲜明地体现出来，以此激发员工为之努力工作。

当然，即使有行动的蓝图，如果没有清楚地规划出实现过程，也无法使大家产生信心。因此，在规划远景的同时，还必须规划出实现远景的过程。这是一个必经的过程，指的就是从现在到实现目标所采取的方法、手段及必经之路。

2. 目标不要太大，如果必须大，则要学会分解

我们可以将目标的实现分成若干阶段，这样既不至于使目标太大，难以激起员工的兴趣，也不至于使目标太小，让员工觉得没有意义。

要让员工和企业有一个共同目标。在成功企业中，通常用塑造一个共同目标，创造共同的价值理念来激励员工。

美国电报电话公司总裁鲍伯·艾伦发现，该公司过去的想法和做法都像是受保护的公用事业，现在必须改变，而且是在行业动荡不安时进行改变。公司的规划部门为关键性的战略任务提出一个定义，也就是让现有的网络承载更多的功能，开发新产品，从而符合新兴信息事业的需求。艾伦决定不用这样理性和分析性的名词来谈公司的目标。他也不谈论以扩张竞争态势为重点的战略意图。他选择了非常人性化的名词，他说：“公司致力于让人类欢聚一堂，让他们很容易互相联系，让他们很容易接触到需要的信息——随时、随地。”这个陈述，表达了公司的目标。但他用的都是非常简单而人性化的语言，使人人都能理解。重要的是，员工能对这样的任务产生共

鸣并以此为骄傲。

让企业上下都愿意为企业目标奉献力量，并让这样的努力持之以恒，应该是管理者追求的目标。明确的企业目标是正当可行的，它不是公关惯用的华丽辞藻，也不是鼓舞士气的夸大宣传。所以，管理者对定义恰当的目标应作出具体的承诺。

美国康宁公司总裁哈夫顿曾委派公司最能干、最受尊敬的资深经理人负责康宁公司的品质管理。尽管经历了一次严重的财务紧张，哈夫顿还是拨出500万美元，创立了一个新的品质管理学院，用以实施康宁公司大规模的教育和组织发展计划。他还承诺将每个员工的训练时间提高到占工作时间的5%。康宁公司的品质管理计划很快就达到了哈夫顿的目标。正如一位高层经理所说："它不只改善了品质，更为员工找回了自尊和自信。"

3. 设定有挑战性的目标

杰克·韦尔奇说："我不断为每一位员工提供富有挑战性的工作，由此造就了了不起的通用员工，然后，再由他们造就了不起的产品和服务。"

目标，对于员工的激励作用，是毋庸置疑的，但是过低的目标对于激励员工是无益的，只有高目标才能使员工发挥出最大的潜能。

高尔基曾说过："一个人为自己定的目标越高，那么他的潜能就发挥得越好。"企业要想把员工的潜能发挥得淋漓尽致，就必须制定一个员工跳起来才能得到的目标。遗憾的是，许多企业管理者并没有认识到这一点，他们往往把目标定得太低，让员工轻而易举地就能达到，使员工失去工作激情。传统思维和常规认为，如果制定过高的目标，可能会难以实现而使员工产生恐惧的心理，达不到激励员工的目的。但是，只要帮助员工找到实施目标的方式和手段，高目标不仅不会使员工恐惧，反而会激励他们充分发挥自己的潜能，唤起他们不断挑战的热情。所以，优秀的管理者总是制定需要员工跳起来才能达成的目标，在员工不断地发挥潜力、不断成长和进步的过程中推动企业的发展。

卓越的管理者都善于通过增加挑战来赋予员工更多的工作激情，从而给员工更强的成就感，引导他们在岗位上精益求精。

市场变幻莫测，科技交替也日新月异，在竞争异常激烈的市场中，企业如若不能持续增长，就很可能被对手超越，最后淘汰出局。而要保证企业的持续增长，就必须不断地给每一位员工提供富有挑战的工作，激励他们不断创新、变革，以此来加强企业内部活力，推动企业不断向前发展。

通用电气公司人力资源管理的核心，就是“给每一位员工都提供挑战性的工作”。使他们从挑战中得到激情，并从中获取经验。自从韦尔奇执掌通用后，他尽可能地为通用电气的每一位员工提供挑战更高目标的机会，使通用得以长久保持在商界的领先地位。

优秀的公司与其他普通公司相比，区别就在于敢于制定更高一级的目标。著名的马尔斯糖果公司就是靠着近乎完美的目标来激励员工，使企业在竞争激烈的糖果市场上处于不败之地。

玛莎糖果公司的秘诀用一句话来说就是：“把目标订到百分之百，竭力所能追求完美，否则就等于是在放纵自己，到头来只会自食其果。”马尔斯糖果在质量上定下的百分百标准，从统计学的角度来看，几乎是不可能的。但正如他们自己所说的,如果在制定目标时就预先体谅自己,为自己找好借口，降低目标，那目标也就失去意义了，这无异于是在放纵自己的惰性。

有一次，玛莎糖果公司的管理者福里斯特·马尔斯发现有一组棒棒糖没有按标准装好，他大发雷霆，盛怒之下，搬出了所有存货，一个个地砸在了会议室的玻璃板上，他绝不容忍任何一个有缺陷的产品出厂。

这种精益求精的态度，不仅存在于管理阶层中，更是每一个员工追求的目标。也正因为如此，马尔斯糖果公司的实力不断提升，在强手如林的糖果市场上保持着领先地位。

真正懂得用目标来激励员工的企业，都懂得利用挑战来使目标激励作用最大化，他们会制定跳起来才够得到的目标，竭尽所能地追求完美。这样的企业，从来不会容忍所谓的“可容忍过失”。

阿迪达斯公司制定的“无次品”目标，就是绝无“可容忍过失”的具体表现。

“无次品”目标极大地调动了员工的积极性，增加了员工工作的挑战色彩。为了实现这一目标。阿迪达斯专门雇用了近 2 000 名质量检验人员，质量监察员定时检验产品的生产线，把不合格的产品送回重新生产，并负责把所有发现的错误列成统计图表，用以了解产品质量状态。质量管理人员检验过的产品，检验人员再次做彻底的检查。

如此的高标准、严要求，充分激发了员工的潜能，每一位员工在工作时都投入自己百分百的精力，从不疏忽大意，高质量标准成就了阿迪达斯。使公司的产品因质优而畅销全球，成为许多经销商的免检产品，也为公司树立了良好的企业形象。

这些卓有成效的企业，无一例外都实施了增加员工工作的挑战色彩的措施，靠着这些措施，这些企业渡过了无数难关。苹果电脑公司也是其中的典型。

自 1990 年以来，在家用电脑市场排名第一的苹果公司，市场占有率一直在 10% ~ 14%，可是到 1994 年上半年，却跌落到了 10% 以下。而当时强有力的挑战者——惠普和康柏，正跃跃欲试地想要取苹果而代之，成为新的行业领袖。

面对这种情况，总裁斯平德勒采取了一系列激励措施，他赋予每一个员工更富有挑战性的工作，并从中提升一些优秀的管理人员和创新人员，安排他们到一些重要的岗位任职，以此消除长久以来广泛弥漫于员工之间的自满情绪。这种新的挑战，极大地激发了员工的工作热情和潜力，提升了企业的活力，增强了核心竞争力，使苹果重新走上高速发展之路。

在人力资源决定企业竞争优势的今天，就参与竞争的企业而言，谁能有效地增加工作的挑战色彩，谁就能更充分地激发员工的潜能，从而推动企业的不断发展。

荣誉激励法

所谓荣誉激励，是指企业对员工工作态度和贡献所给予的荣誉奖励，如发给荣誉证书、会议表彰、在公司内外媒体上的宣传报道、记功、休假、疗养、外出培训进修、推荐获取各种社会荣誉等。每位员工都对归属感及成就感充满渴望,都希望自己的工作更有意义。如果说自我实现是人类最高层次的需要,那么荣誉就是一种终极的激励手段。

管理专家认为,追求良好的声誉是企业经营者成就发展的需要。经济学家则从追求利益最大化的理性假设出发,认为经营者追求良好声誉是为了获得长期利益。著名的跨国公司IBM有一个“百分之百俱乐部”,如果公司员工能够完成他的年度任务,就会被批准为该俱乐部会员,他和他的家人就会被邀请参加隆重的集会。结果,公司的雇员都将获得“百分之百俱乐部”的会员资格作为第一目标,以获取那份荣誉。IBM公司通过这种方法,很好地激励了员工。

对于员工,不要太吝啬一些头衔、名号。一些名号头衔可以换取员工的认同感,从而激励起员工的干劲。日本电气公司在一部分管理职务中实行“自由职衔制”,就是说可以自由加职衔,取消“代部长、代理”“准”等一般普遍管理职务中的辅助头衔,代之以“项目专任部长”“产品经理”等与业务内容相关的、可以自由加予的头衔。

用荣誉激励员工,首先要认清荣誉的本质。荣誉的设置是为了奖励先进,表扬贡献,鼓舞士气,是一种激励。既然是奖励先进,就不能搞平均主义。不幸的是,很多企业的荣誉设置常常是“轮班制”——这月你当,下月我当,为了团结,轮流坐庄。“荣誉轮流坐,本月到我家”。这种荣誉设置几乎毫无意义,顶多展示一下企业在管理上的规范性。

平均主义就是荣誉的“泻药”,只要一沾上,再好的荣誉也会拉肚子。所以,设置荣誉时应当有统一规范的指标要求。我们以成大方圆药店为例。

成大方圆药店的“服务之星”只设置了3项硬指标:一是要完成本月销售计划;二是顾客满意度高,没有顾客投诉;三是同事满意度高,该店员所得投票必须排在门店候选人前列。第一个指标是经济标准,第二个指标是服务标准,第三个指标是团队标准。这3大硬指标设计得比较有艺术性,既讲效益，又讲持续发展，还很好地控制了内部的竞争强度，避免内讧。

也许有人会问，这样设计荣誉评定标准就一定可以避免平均主义吗？可以肯定地回答：不能完全避免。道理很简单，前两个指标都达到之后，大家就可以在同事满意度上搞平均主义。那么，如何避免这种情况的发生呢？管理者要从 4 个方面入手。

1. 增加副选项，提高“摘星”的难度

成大方圆药店评选“服务之星”的第二标准是“服务之星”还必须满足地区“特色”的标准。比如店员要替顾客着想，不流失顾客，有忠诚的顾客群，柜组无过期产品，陈列丰满、新颖、美观，此外，选手还要经常开动大脑，能够给门店或地区提合理化建议。这种副选项督促员工全面提升服务水平，为企业献计献策，同时也过滤掉一批保守安逸的员工。

2. 加强监督，保证“星”的亮度，防止有人浑水摸鱼，名不副实

成大方圆药店采取总部与门店双重监督，不定期对“服务之星”的工作进行突击检查，一旦发现有不符合评选方式或评选标准的店员当选，则可降低其星级或取消其“服务之星”称号。

3. 搞动态荣誉，而不是静态荣誉

“服务之星”每季度评选一次。本季度当选的店员佩戴一颗红星标志，连续两季度当选的店员佩戴两颗红星标志，依此类推，连续五季度以上当选的店员则佩戴五颗红星。但是，如果“服务之星”在下一季度没有连续当选，则不佩戴任何标志；升星级只能连续当选，不能隔季度累加。这种巧妙的设计是对平均主义的致命打击，只有积分累积达到要求，才能得到利益与荣誉。如果放弃一次就得从头再来，损失很大，因而大家就都不愿意放弃，领导与未获得者也不好意思来搞平均主义，使荣誉真正是靠争取得来，而不是靠施舍得来，创造出合理竞争的氛围。

4. 设置比例

从参选的 5 000 名员工中评出 500 名。这个比例标准设置得比较恰当，不高也不低，既不会失去荣誉的先进性，也不会失去员工的参与性。

让荣誉真正起到激励员工的作用，必须注意以下 4 点：

（1）荣誉是奖励先进的，不是奖励权力的，各级荣誉要分清。特别是像“小红星”这种基层荣誉，更不能让管理层参与。如果他们参加，本身就不公平，给他们，员工会认为有权力就有业绩，感到不平等；不给他们，就会有好事者无事生非。因而荣誉的设置可以分开层次，比如普通员工有小星星奖，店长有大星星奖。成大方圆在这方面做得也不错，明确规定店长和主任不得参与“小星星”评选。

（2）荣誉是奖励贡献的，不是奖励资历的，不能论资排辈。许多企业都有这样的固定思维，只要评选，首先要考虑资深员工，认为如果荣誉不给他们，不仅对不起他们，让他们心理失衡，资格浅的人也不自在，这样荣誉也就成了论资排辈。有的企业为了平衡这种矛盾，采取晋级制，比如将荣誉分为 5 个等级，1 颗“星”是资格浅的，5 颗“星”是资格老的。星多，只表明他工作时间长。这种做法将会使荣誉僵化。成大方圆药店采用的是动态奖励，“星”多少主要表现在业绩，与资历无关，一个季度没评上，就没有“星”了，又必须从头再来。

（3）荣誉需要郑重其事地授予，不能简单草率行事。颁布荣誉需要隆重的仪式，仪式越隆重激励的作用越大。IBM、玫琳·凯等著名企业每一次授予荣誉都兴师动众，极度招摇，恨不得让功臣们成为全世界的焦点。成大方圆在这点上做得也不错，通过内部报纸、会议等方式，让每一位获“星”的员工都能感受到公司对自己的重视。

（4）荣誉要与利益挂钩。利益包括经济利益、福利利益、机会利益等，只有精神奖励的荣誉很难使员工保持持久的热情，荣誉必须有载体。成大方圆设置“服务之星”奖励时就充分考虑到这一点，既发奖金，又给予培训提升，还送了一批“星”到香港去旅游。让员工真切地感受到，有“星”不仅风光，还很实惠。

5. 给员工一些响亮的头衔

对那些长期以来一直在为企业默默奉献的员工，或在某个领域有突出表现的员工，企业管理者不妨授予他们一些响亮的头衔或名号，以换取员工的认同感，从而激励他们更好地为企业服务。

员工感觉自己在公司里是否被重视是工作态度和员工士气的关键因素。经理人在使用各种工作头衔时，要有创意一些。可以考虑让员工提出建议，让他们接受这些头衔并融入其中。其实，这是在成就一种荣誉感，荣誉产生积极的态度，而积极的态度则是成功的关键。比如，你可以在自己的团队设立诸如“创意天使”“智慧大师”“霹雳冲锋”“完美佳人”等各种荣誉称号，每月、每季、每年都要评选一次，当选出合适人选后，要举行适当隆重的颁发荣誉的仪式，让所有团队人员为荣誉而欢庆。

6. 休假也是一种好方法

如果员工做出了突出贡献或提前完成了全年的营销计划，不妨用休假的方法来奖励他们。在员工眼里，这样的休假其实也是一种荣誉。

7. 表扬那些成绩突出的员工

如果企业管理者能够充分地运用表扬来表达对员工的肯定和赏识，不但能有效地提高员工的工作效率，还能够引发其他员工对这种荣誉的追求。

需要注意的是，管理者在表扬一位员工时，一定要注意表扬员工所独自具有的那部分特性。如果表扬的是所有员工都具有的能力或都完成的事情，会让被表扬的员工感到不自在，也会引起其他员工的强烈反感。

总之，表扬是激励员工的最好方法之一，也是增强企业吸引力的重要方式。但如果方法不对，其收效就会大打折扣，甚至会带来副作用。

8. 写出你对员工的欣赏

书面表扬肯定让人回味无穷，它是一份值得珍藏的永久荣誉证书。

员工做出成绩，都希望得到上司的肯定，如果仅仅得到上司口头上的表扬，虽然也有激励作用，但绝对没有书面表扬更有效。

最好的方式是能把你对员工的欣赏写出来，因为口头表扬随着时间的流逝会让人淡忘，而书面表扬（哪怕是个小小的便条）则会永远存在。这并不需要花什么钱，也不会占用太多时间。下面提供 3 条书面表扬的方式供参考。

（1）给员工写感谢卡。企业管理者可以准备一些卡片，卡片正面印有漂亮的“谢谢你”几个字，背面是空白。每当员工做了值得称赞的事情时，部门领导就在上面写上一条，详细写明他的成绩及对他的评语。

（2）给表现突出的员工颁发证书或奖章。证书和奖章对员工的激励是巨大的，虽然员工嘴里不说，但每个人都十分重视这一点。稍微留意一下你就会发现，很多员工都喜欢把这些荣誉悬挂、摆放在宿舍、办公室、工作台或家中。员工的工资可能很快就会花光，衣服可能很快就会穿坏、旅游随着时间也会变成遥远的回忆，但是证书或奖章却能永远提醒他曾经得到过怎样的荣誉。

（3）为员工建立业绩档案。企业管理者可以给优秀员工寄表扬信。可以把信封装入标有“成功档案”的档案夹中，并写上下述鼓励：“也许你以后会遭遇失败，但你要记住，你曾经成功过，你曾经是一个优秀的人，只要你努力，没有什么可以难得住你。”“我们公司永远以你为荣，你是一个有能力的人，相信你以后会表现得更优秀。”这些文字可以给员工战胜困难的勇气和信心，会帮助员工克服各种各样的工作困难。

总之，书面肯定与表扬是一份值得珍藏的荣誉证书，会让员工回味无穷。巧用书面激励，会让员工感到自己得到了莫大的荣誉，而这种看得见、摸得着的荣誉会激励他们继续努力，为企业作出更大的贡献。

Chapter 07

如何聪明地用制度管人

俗话说：“不以规矩，不成方圆。”没有完善的规则，或不善于定规则，顾此失彼，工作就无法展开。所以，管理者应十分注意团队工作的制度建设。

如果管理者能正确制定出大家共同遵守和依据的工作准则，不仅保证了团队成员们行动的正确规范，而且还有利于调动和发挥人的积极性。同时，制定出正确的制度后，还必须引导员工积极自觉、一丝不苟地遵守制度，用制度来约束人，让员工一言一行有法可依，有标可考，真正做到以制度管理团队，自己也能从“烦琐”事务中脱身。

制定规章制度的原则

管理者在制定规章制度时，应注意以下原则。

1. 制度不是孤立的

任何规章制度都不是孤立存在的，它存在于企业管理机制中的规章制度系统框架之内。管理者在制定之前，应该考虑整个公司规章制度的框架系统结构，然后再来设计具体事物的有关制度。做完这些之后还要将其试运行，经过一定时间的磨合和执行，等管理的力度、尺度等各方面互不矛盾了，再正式颁布实施。

2. 制度高于一切

有些管理者常常随口说出一些规定和制度，这样做既不严密，也不科学，而且极大地破坏了规章制度的权威性。一旦制度正式颁布，那就应该坚定地执行下去。如果对违反者采取不理会、不惩罚的态度，如果有章不循或者执行不严，那么，规章制度只能是一纸空文。

3. 制度的可行性

一方面，任何条文都必须是可以执行的，不能执行的条文和规定必须立即废止。因为它在实际情况中不能执行会破坏规章制度的权威性。另一方面，制度应该使每位员工在执行过程中体会到一种力度，即都要付出努力。例如，身体稍有不适，或家里有一般性的琐事，员工必须尽量要求自己坚持执行规章制度。

4. 制度应该具体

一个规章制度如果过于抽象、笼统，缺少具体的条文和实施细则，那么它将难以执行。一些制度常常被束之高阁的教训之一，正是因为许多制度是包罗万象的抽象性规定，尽管内容丰富，覆盖面广，精神主旨正确，但一接触许多具体问题时，则难以对号入座。例如，有的公司规定上班时间“要严肃”，这就过于抽象，不容易具体实施。现实基层工作是具体的，需要有一些具体的条例和实施细则。这就需要去完善，并明确规定由谁来监督执行，违反了制度由谁去惩罚，以及处理的具体程序。

5. 执行制度要公平

规章制度都具有“无例外原则”。有的员工违反而不受到惩罚，是对其他团队成员的不平等和不公正，也显示出制度本身的苍白无力和虚伪性。在规章制度面前应该人人平等。诸葛亮曾经说过：“我的心就像一杆秤，不为他人作轻重。不能做到公平二字，就无以取得人心。”所以，制度一经通过，管理者就必须带头遵守。为了维护制度的严肃性和公平性，就应该具有孔明上奏自贬三级的气度。能否做到制度面前人人平等，对管理者来说，是一大考验。尤其涉及亲朋好友时，更需要坚定地维护制度的公平性。

6. 制度的弹性原则

不存在任何一种规定可以精确地限定所有事物，所以规章制度的弹性原则是必要的。但是，这种弹性又是有限的，是积极的。制度的弹性不能过大，要明确制度上量的尺度和质的依据，使之容易具体操作，避免执行时的走样和变形，避免执行过程中的随意性。但制度的弹性也不能过小，那样会造成制度的过于死板和苛刻。我们把握好这一原则，不是留一手，而是多准备一手，是为了提高效率，增加解决问题的可能性。

违纪行为若得不到及时惩处，就会蔓延

查票员来了，威尔逊先生才发觉忘记带月票，他对查票员说："我不是故意逃票的，你看，我这张诚实的脸就是车票了。"

"请你把脸伸过来吧，我的职责是在车票上打个孔。"

如果威尔逊先生第一次逃票的行为得到了查票员的通融，威尔逊很可能在以后乘车的过程中总是忘带月票，甚至导致其他乘客同样忘带月票，这种现象可以从"破窗效应"理论中得到合理的解释。

美国斯坦福大学心理学家菲利普·辛巴杜在1969年进行了一项实验，他把两辆一模一样的汽车停在了不同的两个社区，其中，一个社区是加州帕洛阿尔托的中产阶级区，另一个则是治安相对不太好的纽约布朗克斯区。停在布朗克斯的那辆，他特意摘掉了车牌，打开了顶棚，结果一天不到，汽车就被偷走了。而停在帕洛阿尔托的那一辆，一个星期后仍然完好如初。后来，辛巴杜用锤子把那辆车的玻璃敲了个大洞，结果仅仅过了几个小时，汽车就无踪无影了。

根据这个实验的发现，政治学家威尔逊和犯罪学家凯琳提出了"破窗效应"理论，认为：如果有人打坏了一幢建筑物的窗户玻璃，而破损的窗户又得不到及时的维修，别人就可能受到某些暗示性的纵容去打烂更多的窗户。久而

久之，这些破窗户就给人造成一种无序的感觉。结果在这种公众麻木不仁的氛围中，犯罪就会慢慢地滋生繁荣，难以得到遏制。

破窗效应其实是“千里之堤，溃于蚁穴”哲理的另一种阐述。如果公司对第一个迟到的员工没有给予任何惩处，其他员工不想按规定时间上班的心理便得到了纵容，导致公司的考勤制度等同虚设，员工逐渐对迟到持以理所当然的态度，结果便会有越来越多的员工不会在规定的时间坐在自己的工位上。长此以往，员工也会渐渐地对公司其他的管理制度熟视无睹，使管理者难以对员工行为进行纠错，彻底把组织推向了无序的境地。

制度化管理以执行为前提，即使对于员工那些个别的、轻微的小错误，管理者也不能掉以轻心，只要行为触犯了公司的核心价值，管理者便应该根据制度的条例依法处理。如果管理者没有杜绝最初的小错误、小过失，最终导致违反制度的行为如“星星之火”，在企业中成“燎原之势”，为企业带来无法弥补的损失。

在日本企业界，有一种叫作“红牌作战”的质量管理活动。日本企业中那些有油污、不清洁的设备都会被贴上具有警示意义的“红牌”，如果办公室和车间卫生欠佳，也会被贴上“红牌”，警示全体员工及时进行改善，以维护一个整洁有序的工作环境。这种活动经过推广后，确实对于保证企业的产品质量起到了非常重要的作用。

运用热炉法则，维护制度的威严

某人到一个地方去办事，停车的时候才发现没有停车位，于是他只好把车停在了马路边上。他特意在雨刷下留了一张纸条，上面写着：“我是来办事的。”

他办完事回来的时候，雨刷下多了一张罚单，而且在他原来的纸条上附加了一行批注：“我也是来办事的。”

理由的合理性并不能抗衡制度的权威性，触犯制度者必将受到相应的惩处。

热炉法则是由西方管理学家提出的惩罚原则，它的观点为：有人在工作中违反了规章制度，就像去碰触一个烧红的火炉，一定要让他受到“烫”的处罚，即规章制度面前人人平等。

热炉法则强调如下 4 个惩处法则。

（1）预警性原则。热炉通红，不用手去摸就知道炉子是热的，是会烫伤人的。公司的管理制度要明确地告诉每一个员工，使之有一个明确的行为取向。

（2）必然性原则。每当有人触摸到热炉时，无论采取什么方式触摸，都肯定会被灼伤。公司内只要发生违反制度的行为，相应的惩罚就尾随而至。

（3）即刻性原则。当有人碰到火炉时，立即就会被烫，对于任何人而言，没有一点时间缓冲的余地。公司的管理制度应适用于任何人，而且违反制度的行为与处罚之间间隔的时间不宜太长，否则，起不到好的惩戒、教育作用。

（4）公平性原则。“热炉”没有任何“弹性”，无论什么人，无论何时何地，只要触摸了“热炉”，都会被灼伤。“王子犯法与民同罪”，在公司管理制度面前，人人平等，尤其是管理者对于自己倡导的制度更应该身体力行。

制度的存在并不是为了执行惩处，而是约束与公司价值观相左的行为，将企业文化确确实实地内化为员工实际的行为。海尔集团规定所有员工都必须靠右行，在离开座位时则需将椅子推进桌洞里，任何人违反这一规定都将被处以罚款。奥克斯集团明令规定开会时不允许有手机铃声，如果违反的话，铃声每响一次罚款 50 元。

热炉法则强调违反制度所付出的代价，当员工为违反制度所支付的代价远远超过成本时，自会渐渐地减少挑战公司制度的行为，将遵守制度视为自觉的行动。

制度会产生路径依赖，不要抱残守缺

由于受到经济危机影响，几个德裔犹太人（犹太人中法律观念最强的，就是德裔犹太人）的家产瞬间变成泡沫，他们居无定所，只好把一个报废的火车车厢当作临时住所。

一天晚上，这几个德裔犹太人在寒风中颤抖地推着车厢，一个德国人看到这一幕，不解地问："你们为什么要推车厢呢？"

"因为有人要上厕所，"冻得瑟瑟发抖的犹太人说："车厢里写着'停车时禁止使用厕所'，所以我们只好不停地推动车厢。"

这虽然是一个笑话，但却说明：制度虽然最初是外在强加的约束，但经过时间的积累，制度便渐渐成为内化的约束，促使人们不自觉地维护制度，哪怕此时不具备应用制度的前提条件。

道格拉斯·诺思是美国的经济学家，是第一个提出制度的"路径依赖"理论的学者，由于用"路径依赖"理论成功地诠释了经济制度的演进规律，他获得了1993年的"诺贝尔经济学奖"。

诺思认为，路径依赖类似于物理学中的"惯性"，一旦进入某一路径（无论是"好"的还是"坏"的）就可能对这种路径产生依赖。某一路径的既定方向会在以后的发展中得到自我强化，人们过去做出的选择往往决定了他们现在及未来可能的选择。在企业的制度和文化层面，好的路径会对企业起到正反馈的作用，通过惯性和冲力，产生飞轮效应，企业发展渐渐地进入良性循环；不好的路径会对企业起到负反馈的作用，就如同厄运循环，企业可能长期处于某种无效率状态下，由于无法及时地解决而最终导致企业发展停止。

关于"路径依赖"有一个有名的实验：

实验人员将5只猴子放在一只笼子里，笼子的中间吊着一串香蕉，当猴子伸手去拿香蕉时，便会有高压水浇在所有猴子的身上，直到所有的猴子再也不敢去拿香蕉。

一段时间后，实验人员用一只新猴子替换出笼子里的一只猴子，新猴子兴奋地伸手去拿香蕉，其他的四只老猴子担心受到惩罚，便把新来的猴子暴打一顿，直到新猴子服从"不得拿香蕉"的规矩。

实验人员继续逐个用新猴子替换曾经受到高压水惩罚的老猴子，最后笼子里的猴子都是不曾受过高压水惩戒的猴子，但是他们谁也不敢去碰香蕉。

虽然后来高压水不再对猴子实施惩戒，但新来的猴子却始终固守着“不许拿香蕉”的制度，这就是路径依赖的自我强化效应。

企业的文化和制度也遵从路径依赖原理，一旦它们在员工群体中产生了深入人心的力量，他们便会在往后的工作中维护和强化这种约束，直至企业所有的员工都奉行同样的准则。

路径依赖原理对管理者的启示有两点：其一，在订立制度初始，尽量确保制度的无懈可击；其二，当制度发挥效用的前提条件不成立时，也就是环境的变化使制度成为企业发展的阻碍时，管理者一定不要抱残守缺，而是对制度做出针对性的修改。

号令不明，会削弱制度的执行力

在高速公路上，警察拦下了一辆小货车，因为他发现驾驶员的旁边坐着一只猪。

“你怎么能让猪坐在副驾驶的位置上呢？”警察惊诧地问。

“难道不可以吗？”驾驶员困惑地问道。

“当然不可以，你这样做，是要罚款的！”

“请你通融一下吧，我真的不知道有这样的规定。”驾驶员以近似于哀求的语气说道。

“你要去哪里？”警察话锋一转。

“上海。”

“好吧，这次我不罚你，不过你到了上海以后，必须马上把这只猪带到动物园去。”

“是，警察。你放心吧！”司机对于警察的要求连声答应。

两周后，这位警察再次在高速公路上拦下了那个司机，因为仍有一只猪坐在他的旁边。

“两周前，我不是告诉你到了上海之后把这只猪带到动物园吗？”警察生气地责问。

“是啊，我确实把它带到动物园了，我们玩得很开心，所以我这次准备带它去苏州园林。”

在这个故事中，角色与职责的不同使驾驶员对警察的指令产生了错误的理解，导致驾驶员的行为结果与警察的命令要求背道而驰。如果警察的表述更清晰一些，或许驾驶员的那只猪便不会与警察再次狭路相逢。

有的管理者在发布命令时，由于命令旨意模糊，传达的信息常常使员工产生误解，以致员工对制度履行的结果与管理者的初衷严重不符。

比如，员工 A 在与合作公司进行谈判合作时，由于遗忘了最重要的合同文件，结果被竞争公司捷足先登，公司前期所做的努力前功尽弃。针对员工 A 在工作中的失误，管理者对员工说：“看来你根本不具备领导这个项目小组的能力，为了保留面子，你明天到我的办公室告诉我怎么善后。”第二天，员工 A 到了管理者的办公室说：“在我去见合作公司之前，小 D 忘了把合同交给我，他确实有重要失职行为，但小 D 刚刚毕业不久，开除他确实有些伤他的自尊心，不如扣除他这个月的奖金吧！”管理者本来是希望员工 A 能负荆请罪，结果他歪曲了管理者的本意，反而把罪责放在小 D 身上，完全忘了自己身为项目小组主管的责任和义务。

管理者有时候责怪员工蔑视自己的权威，没有安全按照自己指令的内容去做事情，其实有时候问题并不在于员工的故意违背，而是员工歪曲理解了管理者的号令，结果导致行为与号令的背离。管理者从自身的思维逻辑出发，认为以间接的方式阐述自己的命令，既能保全员工的面子，也会增加员工的自我悟性。但是管理者与员工对制度的理解常常不处于同一个层次，员工看待问题的视野往往异于管理者，他们有时候并不能完全领悟管理者言语背后的内涵，就像在一片浓雾中去找寻管理者言语的真正意义，增加了诸多干扰因素，不能领悟领导指令的内涵。

号令严明，既能维护制度的权威性，也会节省执行制度的时间成本。因此，管理者所下达的命令应该清晰、易懂，这样员工才会准确无误地去执行指示，提高工作的效率。

制定制度时，要规避人性的弱点

汤姆带着一个大包袱上了电车。

“你的票 3 分，行李 6 分。”售票员说。

汤姆打开了包袱，说：“约翰，出来吧，把你当‘包袱’更不划算。”

在这个故事中，当想占小便宜的汤姆发现行李的收费高于车票后，就自动选择补票乘车。这启发我们，在制定规章制度时，必须要考虑人性的弱点和利益的算计。

某个殖民帝国曾经把流放的犯人运往某个岛屿，将押送犯人的任务交给了一些私人船主。最初，政府按照上船时的犯人人数付给船主费用。很多船主们为了牟取暴利，总是争取一次运送尽可能多的犯人，在运送途中克扣犯人的食物，甚至虐待犯人，导致运送途中犯人的死亡率最高时可达 94%。

对于这种不人道的做法，该国政府及时改变了付费规则，他们放弃了以前的方式，按照活着到达岛屿的人数付费。结果，船主都变得“仁慈”起来，为了保证尽可能多的犯人活着到达目的地，他们悉心照料犯人，为犯人提供足够多的食物，而且，很多的船主还聘请随船的医生，使犯人的死亡率一度降到 1%。

追求个人利益的最大化是人的本性，制度对个人追求利益的行为形成约束。但是如果制度没有规避人性的弱点，便会诱使员工以危害组织利益的方式谋取个人利益，无形间，使制度成了不良行为的纵容者。比如，一家公司为加班员工提供高额加班费，结果导致员工形成了“磨洋工”心理，故意在工作时间降低工作的效率，以便把工作放到非正常工作时间完成，从而获取不菲的加班费用。

因此，管理者在设立制度时，应该仔细推敲一下，看看制度是否存在一些纰漏，反而使人性的弱点找到了施展的空间。

Chapter 08

如何聪明地沟通

著名管理学家巴纳德认为："沟通是一个把组织的成员联系在一起，以实现共同目标的手段。"有关研究表明：管理中 70% 的错误是由于不善于沟通造成的，由此可见沟通能力很重要。

首先，让我们认识一下"蜂舞"法则。

世界上没有一种动物能够真正单独地生活。它们要依靠各种方式和同伴相互沟通，才能存活下去。蜜蜂即以"跳舞"为信号，告诉同伴各种蜂蜜信息，沟通完毕后一起去采蜜。

奥地利生物学家弗里茨经过细心的研究，发现了蜜蜂"舞蹈"的秘密。蜜蜂的舞蹈主要有"圆舞"和"镰舞"两种形式。工蜂回来后，常做一种有规律的飞舞。如果工蜂跳圆舞，就是告诉同伴蜜源与蜂房相距不远，约在 100 米左右。工蜂如果跳镰舞，则是通知同伴蜜源离蜂房较远。路程越远，工蜂跳的圈数越多，频率也越快。如果跳 8 字形舞，并摇摆其腹部，舞蹈的中轴线跟巢顶的夹角，正好表示蜜源方向和太阳方向的夹角。蜜蜂跳舞时头朝上或朝下，与告知蜜源位置的方向也有关联。

这就是管理心理学中著名的"蜂舞"法则。"蜂舞"法则揭示的道理是：信息是主动性的源泉，加强沟通才能改善管理的效果。

管理者要像蜜蜂采蜜一样，吸取各种沟通方式的特点，将"蜂舞"揉到自己的管理艺术中。

有效沟通的三个标准

在现实生活中，父母们唠叨子女的新观念，子女们抱怨父母太固执、太保守；男人抱怨女人爱虚荣，女人指责男人太花心；老板责怪员工不忠诚，员工怪罪老板没人性；主管哀叹部属太难管，部属在背后议论主管太无能……凡此种种，不一而足。为何你总是感慨别人没有理解你，而别人又抱怨得不到你的理解呢？究其原因，人们会不约而同地回答：“缺乏沟通！”

沟通是人们经常使用的一个字眼。但究竟什么是沟通，却是众说纷纭。据统计，一般人认为的“沟通的定义”竟有100种之多。

《大英百科全书》认为，沟通就是“用任何方法，彼此交换信息。即指一个人与另一个人之间用视觉、符号、电话、电报、收音机、电视或其他工具为媒介，所从事之交换消息的方法。”

《韦氏大辞典》认为，沟通就是“文字、文句或消息之交通，思想或意见之交换。”

拉氏韦尔认为，沟通就是“什么人说什么，由什么路线传至什么人，达到什么结果。”

在英文中，“沟通”(Communication)这个词既可以译作沟通，也可以译作交流、交际、交往、通信、交通、传达、传播等。这些词在中文中的使用尽管会有些微差异，但它们本质上都涉及了信息交流或交换，其基本含义是“与他人分享共同的信息”。

具体来讲，有效的沟通有3个标准：

首先，沟通是指意义的传递。如果信息和想法没有被传递到，则意味着沟通没有发生。也就是说，说话者没有听众或写作者没有读者都不能构成沟通。

其次，要使沟通成功，意义不仅需要被传递，还需要被理解。如果你送给暗恋对象一份特别的礼物，而其中表达的爱慕之意没有被她理解，那你和她之间的沟通就是失败的。这就如同你用西班牙文给她写了句“我爱你”的纸条，而她对西班牙语一窍不通，以为是你在糊涂乱画，因此丢弃一旁。

最后，成功的沟通意味着经过传递后被接受者感知到的信息与发送者发出的信息完全一致。一个观念或一项信息并不能像有形物品一样由发送者传送给接受者。在沟通过程中，所有传递于沟通者之间的，只是一些符号，而不是信息本身。语言、身体动作、表情等都是一种符号。传送者首先把要传送的信息“翻译”成符号，而接受者则进行相反的“翻译过程”。由于每个人“信息—符号储存系统”各不相同，对同一符号（例如身体语言）常存在着不同的理解。

例如，用拇指和食指捏成一个圈向别人伸出时，在美国这代表“OK”；在日本，表示钱；在阿拉伯人当中这种动作常常伴随咬紧牙关，表示深恶痛绝。

一些人认为自己的词汇、动作等符号能被对方还原成自己想表达的信息，但这往往是不正确的，而且导致了不少沟通问题。

分清事实和推论

沟通的信息是包罗万象的。在沟通中，我们不仅传递消息，而且还表达赞赏、不快之情，或提出自己的意见和观点。

因此，沟通信息可分为：事实、情感、价值观、意见和观点。

“小王常常在会上发言”，这是一个事实。

“我反感常常在会上发言的人”，这表达了一种情感。

“常常在会上发言是爱出风头的表现”，这反映了一种价值观。

“要批评爱出风头的人”，这提出了一个意见和观点。

沟通信息还可以分为：基于事实的信息和基于推论的信息。情感信息、价值观信息和意见观点信息都属于基于推论的信息。

对同一个事实，人们“推论”出的情感、价值观和观点有可能千差万别，比如：

“小王常常在会上发言，爱出风头！”

“小王常常在会上发言，积极关心集体事务”

这两句信息，是对同一个事实作出了相反的价值评判。

“我很高兴小王常常在会上发言。”

“我很反感小王常常在会上发言。”

这两句信息，说的是同一事实，但表达的情感是不一样的。

人们在表达情感的时候，常常通过表情、语气、动作等非语言的方式进行。例如用生气的语气或赞赏的语气说：“小王常常在会上发言”，其爱憎的情感一目了然。

聪明的沟通者要谨慎地区分基于事实的信息和基于推论的信息。前者让你理解“正在发生什么事”，后者让你理解“对方怎么看待这件事”。

有的时候，基于事实的信息和基于推论的信息，是不太容易区分的。例如：“小王常常在会上发言，让别人没有发言的机会。”这句话里，“让别人没有发言的机会”有可能事实，也有可能不是。到底是不是，需要调查才能断定。

在沟通的时候，如果你不加区分地把对方的“事实”和“推论”全部当成事实来接受，就会被误导，做出错误的决定。

有的时候，对方以为他讲了事实，但实际上他只讲了推论。例如对方说：“小王就是爱出风头！”这就是在把“推论”当成事实来和你沟通。

如果你想了解事实的话，应该反问：“你为什么认为小王爱出风头？”引导对方把事实讲出来。

如果你不想了解事实，那你在心里应该记住：对方认为小王是个爱出风头的人。这才是你了解到的唯一的事实。

共识、分歧和误会

基于事实的信息让你理解“正在发生什么事”，基于推论的信息让你理解“对方怎么看待这件事”。

接下来，你会有什么反应呢？我们把情况分为3种：

（1）我理解发生了什么事，也理解你怎么看待这件事，对此我皆认同。这种状态叫达成共识。

（2）我理解发生了什么事，也理解你怎么看待这件事。但是我反对你对事实的理解，或者反对你的情感、价值观或意见。这种状态叫发现分歧。分歧又分为3种：事实分歧、推论分歧和逻辑分歧。例如：“小王常常在会上发言，爱出风头。”

事实分歧：我并不认为小王常常在会上发言。

推论分歧：小王常常在会上发言，这不是爱出风头，而是关心集体的积极行为。

逻辑分歧：小王常常在会上发言与爱出风头，这之间有什么必然的逻辑关系呢？我对此表示怀疑和反对。

（3）我没有理解你说了什么事或者持有什么推论，但我就是支持你或者反对你。这种状态叫作误会。

有效沟通所要达到的目的是：找到共识、发现分歧、消除误会。

人们通常都喜欢共识、讨厌误会和分歧。实际上，发现分歧也是有效沟通的一种成果。

愚笨的沟通者分不清误会、共识和分歧的区别，他们为了支持而支持、为了反对而反对，其立场不是建立在理解的基础之上，离有效沟通越来越远。

积极的沟通者总是善于发现共识。如果双方处处存在分歧，那么“没有共识”是否可以成为我们这次沟通的共识呢？

消极的沟通者只看到分歧而看不到共识。殊不知沟通的一个黄金法则就是：分歧将会制造更多的分歧，共识将会制造更多的共识。

在销售话术中有一个金句："正像您所说……"例如当顾客嫌贵时，销售人员说："正像您所说，这件货价格不菲，因为它的用料都是极其讲究的。"当顾客抱怨产品的样式不合心意的时候，销售人员说："正像您所说，这一产品的样式并不能让每个顾客都喜欢。不过我们可以为您定制您想要的样式"。当顾客又担心定制需要额外花钱还要等待的时候，销售人员可以说："正像您所说，定制需要额外付费，但您要是不急用的话还是值得的。"这一销售金句就是充分应用了沟通的这一黄金法则，每一句介绍都从与顾客的共识开始，大大增加了成交的机会。

设想一下，如果销售人员在处理顾客的异议时，常说"事情不像您想得那样"，那又会怎么样呢？我想顾客一定会被气跑吧！

沟通是解决问题的基础

有关研究表明，管理中 70% 的错误是由于不善于沟通造成的。沟通能力在管理中很重要。沟通是解决一切问题的基础。沟通不是万能的，但没有沟通却是万万不能的。

玫琳凯化妆品的创始人玫琳凯女士说："企业就是要通过人与人之间的沟通达成友爱与和谐。"这就是她成功的秘诀！她对言语沟通和人际关系的重视都来源于她的工作经验。

玫琳凯女士办公室的门总是敞开的，从来不曾关闭。很多人不理解。

有一次，一位客户实在很好奇，就问她："别的公司总经理的门总是关闭的，为什么只有你的门是永远敞开的呢？"

玫琳凯女士嘴角扬起了微笑，她说："我的门是永远向我的员工和客户敞开的，我随时欢迎我的员工来给我提意见，随时和他们保持沟通，我的门不是办公室的一堵墙，它不会使我们隔开，我们是一体的。”

这就是玫琳凯公司独具特色的沟通技巧，即“开门原则”。这个原则强调的是公司内部上级与下级之间、同事之间的沟通，大家彼此都不会设防，而是真诚地进行交流。可以想象，开着门人们会随时跑进来，打断你的工作。但是玫琳凯认为，重要的是人们知道可以来找她讨论任何重大的问题。她愿意公司的每一个员工，无论是小姑娘还是老头都可以按照自己的意愿随时来看望她，向她诉说他们的抱负和梦想，诉说对公司的抱怨，更好地促进彼此的交流和沟通。

作为管理者，要对事实或感受作正面反应，不要有抵触情绪。比如，我们在管理层的工作中说：“麻烦你能否多告诉我一些关于 ××× 的事情？”或是“我了解您的难处。”总比说：“喂，我正在工作，没时间。”或“这不是我分内的事。”要好得多。掌握好每一次的交流机会，因为很多时候你可能因为小小的心不在焉而导致你与别人距离的疏远。

比起你的想法，人们更想听到你是否赞同他们的意见。一定要记得“别人的不足才能体现出你的价值”，好多人在抱怨和部门之间的沟通无法进行，根本不听你说的话，但是你别忘了自己本身也没有听别人的话！你可以给出你的全部意见，以表示出你在倾听，并且去赞同别人的处境及想法，然后加以修饰性的改正。

管理者还应记住，别人说的和我们所听到的可能会产生理解上的偏差！我们个人的分析、假设、判断可能会歪曲我们听到的事实。为了确保你真正了解，有些时候我们可以这样去说：“我理解的合适吗？”如果你对某人说的话有情绪反应：“我可能没有完全理解您的意思，我是以我自己的方式来理解的，真不好意思。”有时候即使你有情绪但是你赞同别人，并且话语比较婉转，可以拖延时间，能将气氛和场景转变过来，因为你也给对方一个思考的空间和时间，并且为自己争取到了主动的机会。

坦白承认你所带来的麻烦和失误也有必要。做事要承诺一个期限，如果你需要别人的协助，就用你的活力及精神去影响他们。如果我们做了一些事情影响到客户并给他们带来麻烦，就必须主动而且热情地去解决这些问题，用我们的诚恳和态度改变这个不好的事实。

用你的热情影响你的下属，他们就不会改变和失控。在这个混乱的世界里，这可以使我们平庸的生活变得更温馨。所以如果您在某人的周围，或者您需要他为自己做些什么，尽可能地告诉他您在什么时候需要什么帮助。如果可能的话，也告诉他您也非常想协助他把事情做好。

边听边琢磨，好多人认为他们的听力很好，但事实是大多数的人根本就没听，他们只是说，然后想下一步该说什么。倾听意味着提出好的问题，排除杂念，比如，下一步该说什么、下一个该见谁。如果有人话里带刺，是因为他的心里隐藏着恐惧，他们想要你做的只是真实、友好的交谈。

每人每天都在反复地与人沟通，管理者更是如此。具体地说，沟通在管理中的重要作用体现在以下几个方面。

1. 良好的组织沟通可以提高效率

畅通无阻的上下沟通，可以起到振奋员工士气、提高工作效率的作用。随着社会的发展，人们开始了由“经济人”向“社会人”“文化人”的角色转换。人们不再一味追求高薪、高福利等物质待遇，而是要求能积极参与企业的创造性实践，满足自我实现的需求。良好的沟通，使职工能自由地和其他人，尤其是管理人员谈论自己的看法和主张，使他们的参与感得到满足，从而激发他们的工作积极性和创造性。

2. 在有效的人际沟通中，沟通者互相讨论、启发，共同思考、探索，往往能迸发出创意的火花

专家座谈法就是最明显的例子。惠普公司要求工程师们将手中的工作显示在台式机上，供别人品评，以便大家一起出谋划策，共同解决困难。员工对于本企业有着深刻的理解，他们往往能最先发现问题和症结所在。有效的沟通机制使企业各阶层都能分享他的想法，并考虑付诸实施的可能性。这是企业创新的重要来源之一。

3. 沟通的一个重要职能就是沟通信息

顾客需求信息、制造工艺信息、财务信息……都需要准确而有效地传达给相关部门和人员。各部门、人员间必须进行有效的沟通，以获得其所需要的信息。难以想象，如果制造部门不能及时获得研发部门和市场部门的信息，会造成什么样的后果。企业出台任何决策，都需要凭借书面的或是口头的，正式的或是非正式的沟通方式和渠道传达给适宜的对象。

4. 企业领导可通过信息沟通了解一切商业行情

包括客户的需要、供应商的供应能力、股东的要求及其他外部环境信息，任何一个组织只有通过信息沟通，才能成为一个与其外部环境发生相互作用的开放系统。尤其是在环境日趋复杂、瞬息万变的情况下，与外界保持着良好的沟通状态，及时捕捉商机，避免危机是企业管理人员的一项关键职能，也是关系到企业兴衰的重要工作。

用倾听改善沟通

听是改善团队沟通的一个重要手段。

在沟通的过程中，说占到30%，听占到45%，阅读占到16%，写占到9%。在所有的沟通内容中，听占到了45%，比说的比例更高。然而，人们通常被告知要如何说，却很少有时间来学习如何听。

“布莱顿—摩根”理论的创始人在对美国100余家大企业的高管调查后发现，85%的管理者都认为自己既关注人的因素——员工，也关注事的因素——绩效。但是80%的下属却不这样认为。

为什么团队中下属和管理者的认识有这么大的差距？主要是因为领导自身的态度倾向与行为模式不相称。就如同冰山一样，冰山在水面上只露出它的1/10，团队管理者具有态度、行为等多种要素，但员工看到的只是管理者的行为，所以，在沟通中管理者的行为表现就显得非常重要。

团队中的每个成员，都必须要学会倾听同伴说话，收集有用信息。在英文中，hear 和 listen 两个词都是听，但意思并不相同：前者仅仅是“听到”，后者却要求“倾听”。与同伴交流的时候，有的人认为自己在听，但可能一边在听，一边忙着做其他事情。这会让同伴觉得他心不在焉，听的效果可想而知。

因此，倾听并不是简单的听，而是要进行有效的倾听。它不仅要用耳朵，而且要用心灵。有效的倾听有两个层次的功能——既帮助接收者理解字面上的意思，也能理解说话人的情感。好的倾听者不仅能听到对方说的内容，而且还了解对方的感受和情绪。同时，团队领导的有效倾听还向下属发出了一个重要信号——他们关心团队成员。虽然许多人并不是有技巧的倾听者，但可以通过训练提高倾听技能。

下面的原则是团队成员在倾听时需要掌握的：

（1）要集中注意力，聚精会神地去听。

（2）在倾听的过程中既要与对方有目光接触，又要注意对方的眼睛和表情。

（3）不要打断对方并迫不及待地插话。打断别人的谈话是相当不礼貌的行为，对方很可能会因此受到打击。

（4）不要急于下结论，听完后要仔细斟酌对方的话。

（5）积极给予反馈。这种反馈并不是对别人进行评判，也不是要去做别人的老师，而是表示理解了对方的话。如果有不清楚的地方再进行沟通。

沟通的四种基本方法

沟通的基本方法有四种：书面、口头、非语言和大众传播。这四种方法经常是同时交错在一起使用。选择哪一种沟通方法一般取决于接受信息者是否当时在同一地点、信息的紧急程度、信息的秘密程度以及传递方式的价格费用。

（1）书面沟通。书面沟通是借助于书面语言进行沟通，如书信、备忘录、报告、布告、通知、工作手册、报表以及组织的定期刊物等。书面沟通的优点是信息可以长期保存，对一时分辨不清的信息可作反复研究。比如，信息内容发生问题时，还可以参考留存的文件。在复杂或较冗长的沟通场合尤其显出书面沟通的重要性。

书面沟通的另一个优点是来自于沟通过程本身，除了发表正式讲演等少数情况外，书面沟通对语言文字的依赖性较强，往往需要更全面、较合逻辑并且清晰的表达方式。书面沟通的效果受文字修养的影响很大。而书面沟通的缺点是要花费很多时间，如口头表达需要 10 分钟 ~ 15 分钟，而书面方式也许要花 1 小时才能将这些信息写下来。

此外，书面沟通的反馈慢，如寄一份备忘录给某人，他不一定能理解备忘录内容的原意。即使理解，书面答复也很缓慢。

（2）口头沟通。口头沟通是借助于口语进行沟通，如演讲、讨论、谈话，以及非正式的悄悄话和谣传等。口头沟通的好处是比较灵活、速度快，双方可以自由交换意见。口述的信息能够在短时间内传送出去并被接受。如果接受者不能很清楚地理解这一信息内容，传送者能及时发现并可及时纠正。

口头沟通的缺点是信息保留时间较短，使用也有一定的局限性，尤其是信息需要通过许多人来传达时，信息传达时可能被歪曲走样。

（3）非语言沟通。人类进行沟通活动最重要的工具当然是语言，但是沟通的工具决不仅限于语言。比如，借助某些无声语言来达到沟通的目的，非语言沟通包括手势语、面部表情、身体动作、空间、时间等。

手势语。手势语是人们进行非语言沟通的一种工具。比如，中国人竖起大拇指是表示称赞某人、赞赏某物或笼统表示赞同和好的意思。而在美国，常常有人站在公路边，举手竖起拇指，拇指朝着他要去的方向摆动，意思是希望搭便车。这个动作就是说：“我要到……去，是否可以让我搭便车。”这些手势语，如不经解释，往往为其他民族的人所不理解，以致造成某些误会。

时间。由于民族之间的文化不同，人们对时间的概念也有所不同。比如，在美国，人们非常讲究时间观念，他们不管工作、约会、上课、吃饭、看戏、开会都很讲究准时。人们的生活节奏是快速的，时间观念是极受重视的。比如，约会，人们总是事先预约，讲好几点、约会大约多久。

颜色。由于人们在日常生活中经常与颜色接触，所以很多时候把它们用来代表颜色以外的东西。因此，人们在沟通过程中，应注意颜色这类非语言沟通。比如在我国，人们用红颜色的纸做包装送礼，表示吉利；而在其他国家红色有其他含义，如在美国，人们用红墨水记账表示赤字。所以商界人士最怕红字，因为商界里的赤字、负债都是用红色来书写的。

（4）电子媒介。在当今科技发达的时代，我们利用许多复杂的电子媒介来进行沟通。除了传统的电子媒介如电话及公共通信系统外，还可以通过手机、网络等方式进行有效的沟通。

建立完善的沟通制度

迪特尼公司是一家拥有 1.2 万余名员工的大公司，它早在 30 年前就认识到员工意见沟通的重要性，并不断地加以实践。现在，公司的员工意见沟通系统已经相当成熟和完善。特别是在 20 世纪 80 年代，面临全球性的经济不景气时，这一系统对提高公司劳动生产率发挥了巨大的作用。

公司的“员工意见沟通”系统是建立在这样一个基本原则之上的：凡是个人或机构一旦购买了迪特尼公司的股票，他就有权知道公司的完整财务资料，并得到有关资料的定期报告。凡是本公司的员工，也有权知道并得到这些财务资料和一些更详细的管理资料。迪特尼公司的员工意见沟通系统主要分为两个部分：一是每月举行的员工协调会议，二是每年举办的主管汇报和员工大会。

1. 员工协调会议

早在 30 年前，迪特尼公司就开始试行员工协调会议，员工协调会议是每月举行一次的公开讨论会。在会议中，管理人员和员工共济一堂，商讨一些彼此关心的问题。在公司的总部、各部门、各基层组织都举行协调会议。这看起来有些像法院机构，从地方到中央，逐层反映上去，以公司总部的首席代表协调会议为最高机构。员工协调会议是标准的双向意见沟通系统。在开会之前，员工可事先将建议或怨言反映给参与会议的员工代表，代表们将在协调会议上把意见转达给管理部门，管理部门也可以利用这个机会，同时将公司政策和计划讲解给代表们听，相互之间进行广泛的讨论。

要将迪特尼1.2万多名职工充分沟通，就必须将协调会议分成若干层次。实际上，公司内共有90多个这类组织。如果有问题在基层协调会议上不能解决，将逐级反映上去，直到有满意的答复为止。事关公司的总政策，那一定要在首席代表会议上才能决定。总部高级管理人员认为意见可行，就立即采取行动。认为意见不可行，也要向大家解释不可行的理由。员工协调会议的开会时间没有硬性规定，一般都是一周前在布告牌上通知。为保证员工意见能迅速逐级反映上去，应先开基层员工协调会议。

同时，迪特尼公司也鼓励员工参与另一种形式的意见沟通。公司在四处安装了许多意见箱，员工可以随时将自己的问题或意见投到意见箱里；为了配合这一计划的实行，公司还特别制定了一项奖励规定。凡是员工意见经采纳后，产生了显著效果的，公司将给予优厚的奖励。令人鼓舞的是，公司从这些意见箱里获得了许多宝贵的建议。

如果员工对这种间接性的意见沟通方式不满意，还可以用更直接的方式来面对面和管理人员交换意见。

2. 主管汇报

对员工来说，迪特尼公司主管汇报、员工大会的性质，和每年的股东财务报告、股东大会都相类似。公司员工每人可以收到一份详细的公司年终报告。这份主管汇报有20多页，包括公司发展情况说明、财务报表分析、员工福利改善计划、公司面临的挑战以及对协调会议所提出的主要问题的解答等。公司各部门接到主管汇报后，就开始召开员工大会。

3. 员工大会

员工大会是利用上班时间召开的，每次人数不超过250人，时间约3小时，大多在规模比较大的部门里召开，由总公司委派代表主持会议，各部门负责人参加。会议先由主席报告公司的财务状况和员工的薪金、福利、分红等与员工有切身关系的问题，然后便开始问答式的讨论。这里有关个人问题是禁止提出的。员工大会不同于员工协调会议，提出来的问题一定要具有一般性、客观性，只要不是个人问题，总公司代表一律尽可能地予以迅速解答。员工大会比较欢迎预先提出问题的这种方式，因为这样可以事先充分准备，不过大会也接受临时性的提议。

迪特尼公司每年在总部要先后举行10余次的员工大会，在各部门要举行100多次员工大会。那么，迪特尼公司员工意见沟通系统的效果究竟如何呢?

在20世纪80年代全球经济衰退中，迪特尼公司的生产率每年平均以10以上的速度递增。公司员工的缺勤率低于3，流动率低于12，是同行业最低的。许多公司经常向迪特尼公司要一些有关意见沟通系统的资料，以作参考。或许有人会问：既然效果如此显著，为什么至今采用的公司不多?

答案很简单：这一计划对管理人员来讲是一件很费劲的工作，而且又不是短期内可以奏效的。一些眼光短浅的经理宁愿以较低的生产率，较高的员工缺勤率、流动率，来勉强维持公司的运转，而不愿大刀阔斧地改革，解决公司的根本问题。

运用雷鲍夫法则

美国管理学家雷鲍夫提出：在你着手建立合作和信任时，你要学会使用你的语言，其中以下8句非常重要：

（1）最重要的8个字是：我承认我犯过错误。

（2）最重要的7个字是：你干了一件好事。

（3）最重要的 6 个字是：你的看法如何？

（4）最重要的 5 个字是：咱们一起干！

（5）最重要的 4 个字是：不妨试试。

（6）最重要的 3 个字是：谢谢您。

（7）最重要的 2 个字是：咱们。

（8）最重要的 1 个字是：您。

这一套沟通方法，被称之为雷鲍夫法则。

仔细观察雷鲍夫法则的 8 句金言，你会发现它们是一个不断渐进的过程。要建立合作和信任的基础最重要的就是认识自己和尊重他人。而上述定律无疑就是进行这一过程的最好表现。

（1）最重要的 8 个字是：我承认我犯过错误。

说这 8 个字的前提是：知道自己错了；能承认。这就要求管理者能做到反省和谦逊。能身体力行做到这一点，并且真正是发自内心，贯彻到底，往往会产生出人意料的良好效果。

1990 年 2 月，通用汽车公司的机械工程师伯涅特在领工资时，发现少了 30 美元，这是他一次加班应得的加班费。为此，他找到顶头上司，而上司却无能为力，于是他便给公司总裁斯通写信说：“我们总是碰到令人头痛的报酬问题，这已使一大批优秀人才感到失望了”。斯通立即责成最高管理部门妥善处理此事，3 天之后，他们补发了伯涅特的工资，事情似乎可以结束了，但他们利用这件为职工补发工资的小事大做文章。第一是向伯涅特道歉；第二是在这件事情的推动下，了解那些“优秀人才”待遇较低的问题，调整了工资政策，提高了机械工程师的加班费；第三，向《华尔街日报》披露这一事件的全过程，在全国企业界引起了不小轰动。想想通用汽车公司的工程师真是幸福。通用改正了一个错误，但他得到的远不是看起来这么少。

（2）最重要的 7 个字是：你干了一件好事。

学会关注别人，鼓励别人，是建立合作与信任关系的第二条秘籍。

联想集团创始人柳传志在工作中非常善于关心下属、鼓励下属。当他发现中科院毕业的年轻人杨元庆在电脑销售中业绩突出后，大胆授权他成立 PC 事业部，即使遇到挫折，也鼓励他再接再厉，后来让联想电脑成为国产销量第一的品牌。再后来，杨元庆成了柳传志的接班人。

日本经营之神松下幸之助在创业阶段一直和员工同甘共苦。日后创立了三洋品牌的井植薰就常常回忆起当时他在松下时不断受到松下幸之助的鼓励，即使是在他把电池厂赔光了之后也还是如此。松下认为他能安全回来就已经是值得鼓励的了。

（3）最重要的 6 个字是：你的看法如何?

当你听完下属的汇报，问一句："你的看法如何？"下属的责任感和自尊感会油然而生。这才是顾及他人感受的合作之道、成功之道。

（4）最重要的 5 个字是：咱们一起干！

这 5 个字，反映的是上级与下级全力以赴的信心和决心。其作用，正如《孙子兵法》所说"上下同欲，则战无不胜"。

（5）最重要的 4 个字是：不妨试试。

"试试"就是鼓励下属不断地进行创新。"不妨"是这句话的关键。不妨就是不要太在意结果，有创意就一定要付诸实施，一定会有收获的。

（6）最重要的 3 个字是：谢谢您。

"谢谢您"似乎是最常用的礼貌用语，但是到底要如何说出这个礼貌用语其实是一件非常有艺术的事情。并非把谢谢挂在嘴边就可以了，真正说到人心里的谢谢是不需要用嘴表达的。

（7）最重要的 2 个字是：咱们。

有个故事：洞房花烛夜，新郎兴奋，新娘娇羞。新娘忽然掩口而笑并以手指地："看，看，看老鼠在吃你家的大米。"翌日晨，新郎酣睡，新娘起床看到老鼠在吃大米，怒喝："该死的老鼠！敢来偷吃我家的大米！""嗖"的一声一只鞋子飞了过去，新郎惊醒，不禁莞尔一笑。一夜之隔，一日之差，"你家"变"我家"！用词的改变，反映了新娘的心已经过门了！

使用"咱们"两个字的道理也在于此。

（8）最重要的 1 个字是：您。

这一条简单却又不简单，它是要你时刻记得尊重你的合作伙伴——您而不是你，这就是尊重。

理解了雷鲍夫法则的这 8 条，你会在建立信任与合作中无往不利、事半功倍。

改善团队沟通不良的方法

缺乏沟通、沟通不良是常见的组织问题，在大企业和小团队中都会出现。

在改善沟通不良的问题之前，可以召开一个未事先通知的不让员工准备的会议，在人们到场时，让每个人都对自己小组内部的沟通程度作出评价，用 1 ~ 10 之间的数字表示评价的高低。同时，让他们对整个企业的沟通情况提出看法，并且要求他们把意见写在卡片上，以便在会议上传阅，当然也可以使用挂图式投影仪作图示讲解。由于事先没有准备，人们会提出自然、未经深思熟虑的看法。最后，要找出两三种方法来改善企业的沟通状况，让自己的领导成员接受这些建议并认真去做。这样，改进沟通状况就有了一个起点。

另外，以下的几种方式对于改善沟通状况或许有很大的帮助。

1. 建立联系

有很多方法能使领导成员和企业人员联系起来，如开会、共同完成一个任务、午餐闲谈、晚餐闲谈和个人交往。如果沟通遇到地理上的障碍，就应派人花些时间，带着明确的目的到一些不同的地点去。

2. 尊重不同意见

具有不同背景、不同文化、不同种族的人会有不同的价值观。对文化差异的研究会增进业务上的沟通，能在你的领导成员中形成相互理解、信赖和尊重的和谐关系。

3. 重视通信工具的选用

现在的通信方式多种多样，如语音邮件、电子邮件、电话、传真、视频会议、卫星中继等，为人们提供了多种选择，方便了人们沟通，尤其是人与人之间的电话来往更是具有很大的价值，方便、快捷是其他沟通方式所不能代替的。面对面的交往也很重要，尤其是深入的交谈，更应当鼓励。

4. 鼓励沟通信息和想法

沟通可以采取以下方式：论坛、圆桌讨论、互联网交谈、在线聊天或公告板，还可能有某些特殊的程序。

另外，管理者也应当注意，当开一个沟通会议时，要让它的气氛变得令人愉快，要学会做一名热情、友好并有着真挚兴趣的听众。要尊重他人的时间，开始时间和结束时间都要准时。要学会倾听、询问的技巧，要善于接受意见，还要欢迎不同的观点和意见。

5. 深入基层，到处走走

领导工作与一般工作相比，更是一种亲自实践的艺术。“深入基层，到处走走”就是实践与艺术的凝聚体。一个有效沟通的领导者在“深入基层，到处走走”中有许许多多的事情要做，但首要的是做好3件大事：倾听、教育、促进。

6. 深入基层去倾听

“倾听”是接触的基本要素，目的是从供应商那里、顾客那里、企业职工那里获得第一手的未被歪曲的真实情况。倾听意见最好到对方那里去，领导深入基层就是为了倾听。然而，即使到了基层，如何听取意见仍然有许多讲究。比较好的方式有以下几种：

（1）把职工召集到一起，用正式会议的形式请他们提出问题或意见，由你做出回答。

美国丹纳公司负责人雷恩·麦克费森就常常这样做。他时常召集1 500多名员工在一个大厅开会，到会者都可以自由提问，每个人都可以亲自衡量一下“头头”的态度：他是不是想哄骗我们？是不是对我们讲真话？

（2）临时召开小型会议。即开会前一分钟才决定有些什么人出席会议。因为精心组织和预先选出的一组职工代表可能会使你只能听到他们的直接上司认为你喜欢听的话。

（3）和职工坐在同一张桌子上。当今国外许多大公司的总裁、经理都养成了在职工餐厅吃中饭或晚饭的习惯。领导者在职工餐厅里和职工一起就餐，谈话以聊天的方式进行，无拘无束。他们谈些什么事情呢？可能海阔天空、漫无边际地无所不聊；也可能什么事情都没谈，但领导坐在职工餐厅本身就表明了他希望倾听群众呼声，同群众保持接触，他要让每一个职工明白自己是这个整体中的一员。以餐桌作为每日交换意见的场所，气氛是生动、坦率和实事求是的。

（4）深入到各基层单位并设法同销售及维修服务员一起去访问顾客。这样的访问非常有效果，一方面会让一线员工感受到管理层对一线工作的关注和尊重，他们会乐于和管理层沟通自己对工作的看法和建议。另一方面，也会让顾客感受到公司对销售和维修工作的重视，从而树立起对公司产品和服务的信赖。

7. 深入基层做教育

教育是“深入基层，到处走走”的第 2 号目标，与“倾听”同等重要。当你深入基层时，你提问的方式以及其中的点滴变化都会受到人们的注意，并被分析、解释，这是毫无疑问的。你所做的每一件事，如你的服装、你会见下属的先后顺序、你在提问时强调的重点以及没有强调的地方等，都会引起无穷无尽的猜测和议论。处在这种地位上的你只有两种选择：要么听其自然，不予理睬；要么有意识地寻找机会因势利导。而后一种态度才是可取的。

通过这种方式，你可以教给人们你所想教的道理，宣传你的价值观念。因为教育绝不意味着要直截了当地、严肃地告诉大家应该做什么，不应该做什么。在“深入基层，到处走走”的过程中，你的信息常常可以通过各种非正式的方式传达给大家，所以你必须对你的言谈举止全面负责，万不可游戏玩笑。

8. 深入基层抓促进

“深入基层，到处走走”的第 3 个主要作用正是使领导者成为公仆与促进派，保护人们免受官僚主义之害。当你在下面关心地问大家遇到什么问题时，你会发现这些问题很少是大困难，通常只是一些小麻烦。比如，某个开发小组需要一台计算机，但是必须通过全部基建投资预算审批手续才能获准购买，而你在 48 小时以内就可以使他们得到。至于某个开发组需要 250 平方米的工作场地制造样机，或某个推销部门需要增拨 1 000 元的交通费等，你都完全可以当场拍板解决。这对基层各部门工作的顺利展开无疑是有益的。

9. 深入基层的注意事项

“深入基层，到处走走”，倾听、教育、促进这 3 方面的作用往往是同时发挥的，即使你只是顺路到一个小组、一个科室或其他什么地方去 20 分钟，也能达到这个目的。

“深入基层，到处走走”，不是一件容易的事，因为这里面至少有上千种因素在起作用。“深入基层”会暴露自己，你倾听意见的能力、你的眼界和抱负、你是否诚实或正直以及你是否表里如一、前后一致，你完全暴露在大家面前，经受那些最严格、最挑剔的观察家们——员工的检验。你很容易用胡说八道骗过一位副总裁，但要想骗过装卸平台上的工人们则几乎是不可能的。

高效开会的方法

会议的顺利进行有赖于良好会议气氛的营造，精彩的开场白可以使与会者感到要讨论的是与人们切身利益相关的问题或是大家共同关心的问题，这样就能刺激与会者的兴奋点并吸引其注意力，充分调动各种积极因素，将会议导向圆满成功。会议的类型多种多样，不同会议所需的气氛也不同。征求意见会要求各方畅所欲言，集思广益，需要的是生动、热烈的场面；研究解决问题的会议需要的是严肃、庄严的气氛；欢迎会上语言要热情洋溢；欢送会上，言语中就要流露出依依惜别之情。

营造会场气氛，调动人们的情绪，不是靠大喊大叫，粗声粗气。例如，某厂为解决生产中存在的工序间衔接不畅的问题，拟就个别班组存在的“磨洋工”现象进行批评，领导上来就说：“今天把你们找来，就是让你们知道，你们拖了厂里的后腿。你们说该怎么办呢？”剑拔弩张，“严肃”的会场气氛够浓的吧，可这样不问青红皂白地一通发作，别说引起对方共鸣，恐怕求得合作都很难。会场成了战场，这会怎么开！

因此，领导者要用好会议这个工具，提高会议的效率，就必须做到会议十戒。

1. 每一个会议都有一个明确的目的，不开无目的的会议

领导者在开会之前首先要明白干什么，还要让即将参加会议的成员明白这次为什么开会，以做好准备。如果没有明确的目标，就不要开会，特别是临时性会议。除此之外为了进行正常、连续的交流与接触，组织例会是不应该间断的。

2. 每个会议应只解决一个中心议题，不开有许多议题的会议

可能有许多人不理解：开一场会，不是解决问题越多，效果越好吗？而且开一次会，召集、组织工作也花时间。其实，多议题会议使与会人不能把握会议的重点内容，觉得这一点也重要，那一点也不能忽视，结果很可能只对其中某一点印象最深，而冲淡了其他的方面。一个会议讨论的点太多，特别是任务太多往往会引起厌烦情绪，达不到预期的会议效果。

3. 会议前必须有充分的准备，不开无准备的会议

除非特殊情况，开会最好不要搞“突然袭击”。领导者要有准备，怎样主持好这个会议使之达到预期效果；与会者也要做好准备，以最清醒的姿态接受会议传递的信息并及时反馈。

4. 只开非开不可的会议，不开可开可不开的会议

这里的“会议”和第 1 条一样是指临时性会议，不要芝麻大的小事也召集一次会议，因为这样久而久之，会降低与会者在会议上的兴奋程度。

5. 会议的参加者必须与会议的主题直接相关，与主题无关的不要参加

这里所讲的是会议的参与者的问题，不要有“会议闲人”的存在，不要让参与不参与都一样的人参加会议。

6. 开会时，不作离题的讨论而要围绕中心发言，领导要发挥引导作用

一旦发生发言离题的现象要及时地纠正，把与会者的讨论焦点一直投在会议的中心主题上。

7. 表明观点应简洁明了，会议不能容许重复别人已经说过的话题

这样领导者可以获得尽可能多的信息，也消除了与会者那种懒散、不求见解独到的心理。

8. 会议一定要有决议，不开无决议的会议

即使本次会议暂不能决议，也要宣布暂时休会，并应宣布下次会议的进一步要求，关照大家提前准备。

9. 会议应该杜绝两种相反观点的激烈争吵

会议应该提倡各抒己见，但绝不能陷入两种相反观点无意义、无结果的争论之中。如果发生这种情况，领导者应让他们各自保留意见，在会后再作讨论，不要占用别人发言的时间。

10. 会议应该禁止与会者频频进出会场

因为这样会影响与会者的情绪，分散注意力，影响会议的效率。会议的效果也会因此受到损害。

Chapter 09

如何聪明地授权

毫无疑问，领导者手中握有权力，但是有了权力并不意味着领导者就一定能够取得事业上的成功，就一定能够赢得大家的认可。如何运用权力才能够不辜负赋予自己权力的人们，这依然是一个值得领导者深思的问题。

权力是要分配的

领导者的权力分配艺术，是融用权、用人于一体的艺术，是领导者灵活有效地运用各种权力分配方法的艺术。由于领导者权力分配方式的多样性和发展的完善性，领导者权力分配的艺术也不是一成不变的。试将领导活动过程中有关领导者权力分配方面的几种常见的艺术简介如下：

分散与集中要适度。兵法云："兵之胜负，不在众寡，而在分合。"即应分散用兵而不分散，部队就会陷于累赘，作战受牵制，成为疲军；应集中兵力而不集中，会成为孤军。这就是用兵的奥妙所在。

总之，领导者既不能全权独揽、事必躬亲，又不能大权旁落、无所用心。如何才能不走这两个极端呢？那就是分散与集中要适度。即领导者在权力分配时，既要保证下级能有充分的权力，尽职尽责，做好工作，又要保证自己在整体上的把握和宏观上的调控。要做到这点是很难的，没有定规和公式可以套用。随着社会事业的发展和变化，领导活动也日趋复杂多变，领导者只有充分发挥自己的聪明才智，总结以往的经验和教训，才能针对各种情况，采取适度的分散和集中。

根据实际而变通。兵法云：“兵无常势、水无恒形，能因敌变化而取胜者，谓之神。”就是说：战争没有固定不变的规律和一成不变的打法，就像水无固定的形状一样，指挥者能因敌随机采取变化而取胜，才谓之用兵如神。军事上是这样，管理和领导也是这样。事实上，不论在哪个时期、哪个领域，自古就是：法，方法无定规变则通，不变则死法矣。所以，领导者在进行权力分配时，一定不要拘于定规、困于死法，要善于灵活运用各种原则，善于创造性地运用各种分配方法与艺术。

层级和幅度要合理。对于一定的组织和集体来说，领导者的管理幅度大，在进行权力分配时就可以减少领导层次而同样能实现有效的领导。管理幅度若小，领导者在进行权力分配时就要增加领导层次来实现有效的领导。领导层次的增加必然给领导管理带来难度，而层次太少，幅度就增大，会使领导者顾及不暇。所以，作为一个现代的领导者，一方面要通过改变影响管理幅度的因素来提高自己的有效管理幅度；另一方面，要在权力分配时，能正视自己，面对现实，确立适度的层级、合理的幅度。

放手使用。管仲认为，事无巨细，人君都要亲自过问，这是人君自恃其贤。可管理的幅度理论又告诉我们，任何一个人的管理容量都是有限的，领导者必须选择一些人以分其所辖之人、所管之事，贤者也必须如此。而且，越是贤者，越是善于放手授权。

作为一个领导者，特别是高层的领导者，应该懂得“放手授权”“将在外君命有所不受”的道理，应该清楚哪些事应该自己管，哪些事应该交给下属去管。对于自己应管的事要努力管好，对于应由下属管的事就要选贤任能，大胆放手。

适当超脱。领导者权力分配是领导者的一种重要的超脱艺术。一个领导者如果长期身陷日常琐事，势必疏于领导职守。头痛医头，脚痛医脚，顾东而西乱，顾西而东扰，事倍功半。领导者必须披荆斩棘、拨冗去繁、择人授权。

只有“会当凌绝顶”，方能“一览众山小”；只有“更上一层楼”，方能“欲穷千里目”。领导者只有通过对琐事的超脱，才能做到干本职工作游刃有余，取得较佳的领导效果。

汉高祖刘邦在分析自己为什么得天下而项羽为什么失天下时说：“运筹帷幄之中，决胜于千里之外，我不如张良；治理国家，安抚百姓，调集军粮，使运输军粮的道路畅通无阻，我不如萧何；联络百万大军，战必胜、攻必取，我不如韩信。此三人皆人杰也，我能用之，这就是我能得天下的原因。而项羽他只有一个谋士范增，还极不信任他，不能任用，把他气跑了，这就是项羽失天下的原因。”

领导者若善于发现贤能之士而授以权柄，使之各负其责、各尽其职，就会成就事业，如刘邦得天下。反之，若不能识才任能，不信任、不重用人才而且对其束手束脚，势必会严重影响事业，如项羽失天下。领导活动的成败，往往也不在于一己贤能，而在于他是否善于分配权力和集中权力。能否善于发现贤能而授以权柄，往往是事业成败的关键。

发挥授权的作用

所谓授权就是领导者将自己一定的职权授予下属去行使，使下属在其所承担的职责范围内有权处理问题，做出决定，为领导者承担相应的责任。一句话，就是领导者不必事事都亲自做，下属可以完成的事情交给下属去完成。这样才能成为一个有效的领导者。授权有以下非常重要的作用。

首先，授权是领导者抓大事、管全局的需要。

领导者之所以必须授权，这是由人的体力、精力所决定的。人在成年之后随着年龄的增长，体力逐渐减弱，精力、智力和能力也会逐渐衰退。管理学家研究的结果表明，一个人的体力和精力是有限的，多数人在限度之内工作能出速度、出成绩，能够胜任；当任务超出了能够承受的能力范围后，工作起来往往有力不从心之感，经常会顾此失彼。所以管理学家主张在同一时间内只做一件事。而事实上，需要领导者处理的事情很多很杂，常见一些单位的领导者“两眼一睁，忙到熄灯”，结果成了忙忙碌碌的事务主义者。如何解决领导者工作任务多、工作时间少的矛盾呢？行之有效的办法是授权。领导者只对直接下属行使一定的权力，不包办代替和越级处理问题。这样领导者就能够节约一定的时间，用于了解情况，进行学习，联系群众，静心思考一些大事。

其次，授权是贯彻分层管理原则的需要。

只有授权，才能贯彻分层管理的原则，实行科学管理。

现代化建设事业是纷繁复杂的事业，头绪多，范围广。在任何单位的工作中，不仅有着各项重大任务，而且有许多具体事务性工作。有些事情非常紧急，迫在眉睫，必须当机立断，及时去办；有些事情突然到来，不办不行，必须妥善安排；有些事情必须上下结合，共同去办。作为领导者，不可能也没有能力去总揽一切事务，必须把许多工作交由下属办理。领导者交给下属任务时，必须授予下属一定的权力，做到明责授权、事权分清。这就必须建立起合理的管理层次，并正确处理层次之间的关系，精心设计职位，再根据职位任职授权，实行分层领导。否则，有些人就会遇到矛盾绕着走，出现相互扯皮、相互推诿的不正常现象，致使任务很难完成。因此，授权是现代化建设事业所决定的，是管理工作的客观要求。

事实上，一个领导者要做到大事小事都办得很好，很不容易，也不可能。重要的是领导者要有全局观念和战略眼光，任何时候在大事面前都不糊涂。“议大事、懂全局、管本行”，这是所有领导者在工作中应该遵循的一条原则。古罗马的法典中规定：“行政长官不宜过问琐事。”一个有成效的领导者应该是一位善于有效授权的领导者。领导者能不能分清和正确处理大事与小事，有无勇气大胆授权，是管理工作有无成效或成效大小的关键所在。

我国古代的军事名著《孙子兵法》中在讲“制胜之道”时指出：“将能而君不御者胜。”就是说将帅有指挥才能而国君不加牵制的便能打胜仗。汉高祖刘邦本来只能带兵十万，而他的部下韩信却“多多益善”，刘邦能够正确运用韩信的长处，授予他兵权而不加牵制，因此韩信能率百万大军，战必胜，攻必克。这些告诉我们，如果下属有能力去执行任务，领导者应赋予他们一定的权力，不干预或牵制他们的行动。只有这样，领导者才可以充分调动下属的积极性，发挥下属的才能，才有利于领导工作预定目标的完成。

最后，授权是调动下属积极性的需要。

随着现代化建设事业的发展，被领导者已不再是小生产式的体力劳动者，而是具有现代化科学文化知识的脑力劳动者了。就是直接从事生产的工人中也有许多人的劳动带有脑力劳动的因素。体力劳动可以按照简单命令行事，劳动效果也容易考核。脑力劳动者就不同了，他们主要是运用知识和智力，这些人的积极性不是靠简单的命令就可以调动的。如何调动他们的积极性，使他们自觉地为共同目标而奋斗，是现代领导者提高工作成效的一个关键。当然调动下属积极性的方法很多，如良好的思想工作，民主的领导作风等。然而授权是一种有效的方法。现代管理工作非常强调职、责、权、利相统一的原则。有责无权同有权无责一样，都会导致管理与领导工作的混乱，影响管理与领导工作的效果。

在现实生活中，善于授权、发挥下属积极性的领导者越来越多了。但是，也确有个别领导人缺乏用人的气度，他们奉行的是“武大郎开店”的哲学——凡是我的部下，才能都不能比我高，否则就想方设法地加以排斥，或借机给“小鞋”穿。这些领导者应该借鉴历史的教训，因为凡排斥才能高的人，自己只能成为孤家寡人，最终蒙受损失的还是自己。

领导者就要学会授权

蜀国军师诸葛亮在上后主的《自贬疏》中道：“街亭违命之阙，箕谷不戒之失，咎皆在臣授任无方。”诸葛亮忠心耿耿地辅助阿斗，日理万机，事必躬亲，乃至“自校簿书”。一次司马懿接见诸葛亮的使者时问诸葛亮身体好吗，休息得怎么样。使者对司马懿说：“诸葛亮夙兴夜寐，罚二十以上，皆来览焉；所敢食不至数升。”使者走后，司马懿对人说：“孔明食少事烦，其能久乎。”果然不久，诸葛亮病逝军中，蜀军退师。诸葛亮为蜀汉“鞠躬尽瘁，死而后已”，但蜀汉仍最先灭亡，仔细分析可知这与诸葛亮不善于授权不无关系。

西汉著名丞相陈平认为“……宰相者，上佐天子，理阴阳，顺四时，下遂万物之宜。外镇抚四夷诸侯。内亲附百姓，使卿大夫各得任其职也。”作为领导者必须学会正确授权，诸葛亮也为蜀汉丞相，且多才多艺，工作勤勤恳恳，每日起早睡晚，各种事务都要亲自处理，亲自过问，“自校簿书”“罚二十以上亲览”，以致积劳成疾，过早离开人世。现代社会，领导工作千头万绪，极为繁杂，如果领导者事无巨细都事必躬亲，即使有三头六臂，也会应接不暇，难免事与愿违。

所以领导者必须学会正确授权。

第一，正确授权可以减少领导者的工作负担，使领导者不被琐碎事务缠身导致身心疲劳，能集中精力处理更重要、更大的问题。

第二，正确授权是对下属的一种信任。事无巨细的领导不仅对领导者本人不利，还会让下属感到不被信任，下属的创造力未能得到充分地发掘。

第三，正确授权会调动下属积极性。权力是一种重要的激励方式，赋予下属一定的权力是对有权力需要的下属的满足。

第四，正确的授权有利于领导者发现人才，锻炼人才，培养人才。难怪诸葛亮死后，蜀国人才缺乏，特别是没人能主持大局，这与诸葛亮不善授权有关。

第五，正确的授权有利于团队建设。正确授权有利于各级领导者之间、领导者与员工之间沟通，加强协调，团结共事，有利于发挥专长，互补不足，提高组织的整体力量。

第六，正确授权有利于避免领导者专断，降低错误决策的风险，减少错误决策的发生，甚至减小错误决策所造成的损失。

诸葛亮不善授权的后果对现代领导而言应引以为戒，因为授权是领导职责的一个重要内容，也是一种领导艺术，所以领导必须学会授权艺术。

第一，必须克服害怕授权的心理。即使是诸葛亮这么聪明的领导者也会害怕授权，一是领导者往往自以为高明，低估了下属的能力，不信任别人，生怕别人把工作搞砸了。诸葛亮恐怕就是因为自己才智过人和为了不辜负刘备知遇之恩的心态而缺乏授权的勇气。二是怕下属能力比自己强，将来会夺自己的权，因而处处压抑下属的创新精神，导致形成“武大郎开店”的格局，这也是西方著名行政管理定律——“帕金森定律”之一。所以领导者首先必须克服害怕授权的心理。

第二，必须正确分析分解组织的目标。领导者必须根据所在组织或部门总目标进行科学分析分解，逐级分配给下属，分步完成不同子目标，最后完成总目标。

第三，正确认识下属。正确授权很关键的一步是对下属的正确认识，领导者在授权之前必须对下属进行仔细的观察，可通过被授权者的同事、直接上司、直接下属、客户或朋友及被授权者的自我评价，也即通过西方人力资源管理中的“360 度”考核方法，认识被授权者的能力、工作成熟度、所处的成长阶段等。

第四，明确权责，使权责一致。授权的前提是明确职责，这也是搞好授权反馈与控制的前提。若是职责不清，各司其事，就会不断发生摩擦，相互“扯皮”或“掣肘”，这是授权的大忌。所以，授权者必须向被授权者明确授权事项的目标和范围，明确被授权者的权力和相应承担的义务及责任。这样，既可以调动被授权者的工作积极性和创造性，又利于授权者对工作进行评价。授权者应当信任并支持被授权者的工作，凡应由被授权者自己决定的事，授权者不要过多地干预，以使下属能充分地行使自己的权力，发挥自己的主观能动性，更好地独立完成任务。授权时还须保证被授权者的权力与责任相一致，即有多大的权力就应担负多大的责任，做到权责统一。

第五，讲究技巧。领导者在授权时必须因时、因事、因人、因地、因境、因条件不同，而确定授权的方法、权限大小、内容等。比如，采用目标管理方法，有利于下属形成实现目标的成就感。如果工作重要性较低或较为简单，可充分授权。如果工作重要或较为复杂，可采用弹性授权的方法。也可根据工作的不同，采用实时授权、制约授权等方法。

第六，反馈与控制。为保证下属能及时完成任务，了解下属工作进展情况，领导者必须对被授权者的工作进行不断检查，掌握工作进展信息，或要求被授权者及时反馈工作进展的情况，对偏离目标的行为要及时进行引导和纠正。诸葛亮派关云长守荆州，最后关云长大意失荆州，这与诸葛亮对荆州的信息了解不够有关。同时领导者必须及时进行调控，当被授权者由于主观的不努力，没有很好地完成工作任务时，必须给予纠正，并承担相应的责任。对不能胜任工作的下属要及时更换。对滥用职权，严重违法乱纪者，要及时收回权力，并予以严厉惩处；对由客观原因造成工作无法按时进展，必须进行适当协助。

总之，随着信息经济的不断发展，社会变得更加纷繁复杂，信息剧增导致领导工作量倍增，各级领导者尤其较高层次的领导者，必须借鉴诸葛亮不善授权的经验教训，学会正确授权，减轻人力工作压力，提高工作效率，使得组织能更好更快地发展。

领导者授权的方法

领导者授权的方法有：充分授权法、不充分授权法、目标授权法、制约授权法、弹性授权法、逐渐授权法、引导授权法7种。

充分授权法适用于工作重要性比较低，而且工作完成与否不会导致全盘工作失败的组织，也适用于系统管理水平较高，各子系统协调配合等诸种情况较好的组织。领导者在充分授权时，应允许下属自行决定行动的方案，并将完成任务所必须的人、财、物等权力完全交给下属，并且准许他们自己创造条件，克服困难，完成任务。充分授权能极大地调动下属的积极性、主动性和创造性，并能减轻主管领导者不必要的工作负担。因此，凡能充分授权的，领导者应尽量采用这种方法。

凡是在具体工作不符合充分授权的条件下，领导者应采用不充分授权的方法。在实行不充分授权时，领导者应当要求下属就重要性程度较高的工作，在进行深入细致的调查研究的基础上，提出解决问题的全部可能的方案，或提出一整套完整的行动计划，经过领导者的选择、审核后，批准执行这种方案，并将执行中的部分权力授予下属。

采用不充分授权时，领导者和下属双方应当在方案执行之前，就有关事项达成明确一致的要求，并以此统一认识，保证授权的有效性。

所谓目标授权法是领导者根据下属所要达到的目标而授予下属权力的一种方法。领导者授权的目的是通过授权激励下属去实现组织的目标。这是因为，任何组织都有自己的发展目标，这些目标的实现绝不是领导者个人所能完成的。领导者只有将组织的总目标进行必要的分解，由组织内部的各个管理层及部门的所属成员都分担一部分任务，并相应地赋予一定的责任和权力，才能使下属齐心协力，共同奋斗，努力实现组织的总目标。领导者如果按照组织目标进行授权，那就可以避免授权的盲目性和授权失当的现象发生。

弹性授权法是领导者面对复杂的工作任务或对下属的能力、水平无充分把握，或环境条件多变时而采用的。在运用这种方法时，领导者要掌握授权的范围和时间，并依据实际需要对授给下属的权力，予以变动。比如，实行单项授权，即把解决某一特定问题的权力授予某人，随着问题的解决，权力即予以收回。实行定时授权，即在一定时期内将权力授给某人，时间到期后，权力即刻收回，这种授权方法有很大的灵活性。

为避免引起下属的误解，实行弹性授权或改变授权方式时，领导者应当对下属作出合理的解释，以取得下属的理解。

当工作性质极为重要，或某项工作极易出现疏漏时，领导者不应采用充分授权法；或领导者管理幅度大，任务繁重，无足够的精力实施充分授权时，可采用制约授权的方法。制约授权是在领导授权之后，在下属之间形成相互制约的一种授权方式。它是领导者将某项任务的职权，分解成两个或若干部分并分别授权，使它们之间产生相互制约、相互牵制的作用，以有效地防止工作中出现的疏漏。

领导者在给下属授权时，不仅要充分肯定下属行使权力的优点或长处，以充分激发其积极性，而且也要指出他的缺点或问题，希望下属在工作中克服和避免。同时还要进行适当的引导，防止偏离组织的工作目标。但这却不是横加干涉，而是支持下属工作，帮助解决问题，特别是在下属发生工作失误时，领导者更应当善于引导，帮助下属纠正失误，决不能施加压力，或恶意苛求。当然，领导者发现下属确实不能履行权力时，就要采取果断措施，或收回权力，或派人接管，以避免组织遭受更大的损失。

领导者要做到视能授权，在授权前就要对下属进行严格考核，全面了解下属成员的德才情况。但是当领导者对下属的能力、特点等不完全了解，或者对完成某项工作所需的权力无先例可参考时，就应采取见机行事、逐步授权的方法。比如，先用“助理”“代理”职务等非授权形式，试用一段时间，以便对下级继续深入考察。当下属达到授权的条件时，领导者才能授予他们必要的权力。领导者这种稳妥的授权方法，并非是要权责脱节，而是最终要使两者相吻合。

总之，领导者实行授权，应该根据实际情况，决定授权方法。但是领导者无论采用哪一种授权方法，都应具体问题具体分析，使授权真正围绕组织的工作目标的实现来进行，以达到授权的目的。

领导者授权的步骤

领导者要恰如其分地授权，还要明确授权的过程以及授权过程中应注意的问题。它包括物色好授权对象，明确授权的内容，选择授权方式以及授权之后的交代 4 步。

权力授给谁，领导者要考虑的因素很多。首先要考虑的当然是授权对象的思想品德和工作能力，这在选才用人中已有详细论述，这里着重讲的是授权对象愿意不愿意接受领导者授予的权力。下属对领导者授予的权力，并非都会欣然接受。应当明白，下属也是人各有志，不可勉强。领导者勉强授权，很难取得成效。前几年的机构改革，有一批专家、学者被选进党政机关，分别被授予领导党、政、财、文的权力。一方面由于他们并非都懂得行政领导；另一方面有些专家、学者不愿意放弃原来的专业，改行从政，结果有些人陆续辞去了行政领导职务，回到了原来的工作岗位。这就需要领导者把权力授予愿意接受权力的人。领导者要警惕的一点是不要让那些削尖脑袋、投机钻营的人，骗取权力，以达到其不可告人的目的。

领导者向下属授权，必须明确哪些权力可以下授，哪些权力不可以下授。领导者的权力保留多少，要根据不同任务的性质、不同环境和形势以及不同的下属而定。就一般情况而论，领导者应保留事关区域、部门、单位的重大决策权；直接下属和关键部门的人事任免权；监督和协调下属工作的权力；直接下属的奖惩权这 4 种权力。这些权力属于领导者本人工作范围内的职权，不能下授。除此之外的许多权力，可视不同情况灵活掌握。大体来说，凡是分散领导者精力的事务性工作，上下都可支配的边界权力，以及因人因事而产生的机动权力等都可以下授。从当前机关、学校、企业、商店的实际情况看，将权力授过者甚少，抓住权力不愿下授者较多。因此，各级领导者应该研究授权艺术，把应授的权等力授予下属。

一般来说，授权方式主要有一般授权与特定授权，书面授权和口头授权，正式授权和非正式授权几种形式。

特定授权是指领导者对某一特定的下属，给予十分明确的工作、职责和权力。特定授权又可称为刚性授权或制约授权。这是指领导者对下属的工作、责任、权力均有明确的指定和交代，下属必须严格遵守，不得失责。

一般授权是指领导者只授给下属一般的权限，无特定的指派。一般授权有柔性授权、模糊授权、惰性授权 3 种做法。柔性授权，又称弹性授权，领导者对下属仅指示一个大纲和轮廓，使下属能因地制宜地处理问题；模糊授权中领导者一般只说明工作范围和事项，提示所要达到的目标，下属有很大的自由度去选择完成任务的具体途径；惰性授权是指领导者把自己不愿处理的纷乱琐碎的事务交给下属去处理。

口头授权是指领导者对下属用语言宣布其职责，或依据会议所产生的决议口头传达。这种方式不适于责任重大的事项，因为它会造成职责不清、互相扯皮、玩忽职守等弊端。

书面授权是指领导者颁布正式文件或文字指令，对下属工作的职责范围、目标任务、组织情况、职级职等均有明确的规定。

正式授权是指依据法律和有关规定授予的权限。即工作人员依据合法权限所得到的职位。大多数授权均属于此种类型。

非正式授权是法律规定以外或组织机构以外的权力运用，情况较为复杂。

无论是哪种方式的授权，领导者都要进行交代。交代是授权双方权力转让的一种沟通方式。能否实现授权目的，领导者交代情况是重要的影响因素。

授权时，要选择合适的场合并创造融洽的气氛，使授权活动既显得庄重又充满热情。领导者通常容易出现在极不严肃的场合（如酒席宴上、娱乐场所）授权和表情过于严肃，令下属惶恐不安。

授权交代最好在办公室，尽量减少外界干扰。领导者的语言力求明白准确，不能含糊其辞，更不能朝令夕改，使下属始终朝着一个目标前进。

授权交代的成功与否，取决于双方沟通的结果。如果领导者采取居高临下的态度，就会使下属紧张，而心情紧张是不能很好地领会授权意图的。

领导授权要注意三点

领导者在授权时要做好以下三点。

1. 学会对下属的管理

在一个单位或部门里，总有一些喜欢做“墙头草”、顺风倒的下属。虽然当今社会中许多人都在忙于追求名利，但这种人并不是那种“向上爬”的类型。他们只想平平安安工作，不愿耗费精力，也不愿承担责任，这种思想比较传统和保守，不会给部门的发展带来很多的麻烦，对于这种下属，作为领导者大可以放心，这种下属对你来说，是安全的、合格的。你只要按照正常的上下级关系与其相处就足够了。但一些重大的工作最好不要安排给他们。

还有一些下属，工作效率高，才能出众。但同时，他们自身又存在着一些小毛病、小缺点，如忽视工作纪律，常做一些违反工作纪律的错误事情，之所以常犯一些小错误，是因为他对本单位的贡献很大，想摆一些资格给大家看。遇到这种下属，显然容忍绝对不是一个周全的办法，也不是一个长久之计。凡事只有做得公平合理，才能得到大家的信服。对于这种下属，处理事情的办法是耐心地开导、说服，和他讲明利害关系，说清道理，让他知道，他这样做于人于己都不是一件好事。然后，你可以用协商的语气，确定一下解决问题的办法，并征求一下他的意见。如果他是一个精明的人，肯定会买你的账，就势下台阶。但如果谈话之后，他的缺点并没有改正，毛病照犯，那么，你就需要以一定的形式向其施加一些压力了。如果他冥顽不灵，你也大可不必顾虑重重，应当按照规定给予其处罚，以保证本部门、本单位甚至整个机体的健康。但是，当你对其施加压力或进行处罚时，必须让他知道，这种压力是对事而不是对人的。

另外，的确有一些下属是不可理喻、恶习难改的人。他们对自己的毛病和缺点也了如指掌，顺口能说出大堆的不是。可是，不管你花费多大的气力，三令五申或苦口婆心，他们总不能改掉自身的缺点和毛病。而事实上，他只要稍微对自己要求严一点，加强一点意志，这些缺点和毛病是容易摒弃的。对这样的下属，如果其缺点和毛病已经影响到他们所承担的工作，并对其他下属形成了不良影响，那么，解决的办法只有一个——解雇。当然做出这样一个决定时应当慎重考虑并多方征求他人的意见。

作为领导者，你的下属中也许还存在这样一些人：从你成为他们领导的那一天起，就对你不太服气，他们认为你的能力并不比他们强。对于这样的下属，不能硬碰硬，你应当以平等甚至尊敬的语气和态度，多与他们进行沟通和交谈。对一些有嫉妒心理的人，你可以把他摆在一个比较高的位置上，自己以低姿态、谦恭地对待他，他也许会得到一种满足和补偿感，消除与你的隔阂。

当然还有这样一种人，你必须时刻防备，他们不会满足于你对他的谦恭态度以及种种称赞，他们只想让你早一天从自己的职位上下来，自己取而代之。因此，在与他们交谈中，要掌握分寸，留有一定余地，小心被对方抓住把柄。这种下属通常不露声色，却暗藏杀机，笑里藏刀，且在平时工作中，该干什么就干什么，该说些什么话就说什么话，还可能会同你关系打得火热，但这一切只不过是掩盖其贪图名利的内心。所以，与这样的下属在一起时，你办什么事都要小心，小心，再小心。如果你觉得实在惹不起这种人，可以通过适当的方法，寻找一个合适的理由，把他调到其他的部门或单位去。

如果你与下属发生了矛盾，不管错误在谁，为了缓解紧张的关系，你不妨首先道歉。总之，不管对待什么样的下属，领导者都要掌握一定的方法和原则，不能感情用事，凭感觉去做事。做个有心人，你会发现控制你的下属并不难。

2. 领导者要精于授权

领导者是部门的行政长官，处于部门中心地位，在权力的运用上，应做到大权独揽，小权分散。任何领导者，对那些全局性的、重要的、关键的、意外的问题必须亲自处理，对那些局部的、次要的、一般的、正常的工作，则尽可能地让下属去处理。如果领导者做工作不讲科学，一味地蛮干，虽然忙忙碌碌，但到头来很可能“捡了芝麻，丢了西瓜”。古今中外领导者在集权和分权问题的处理上，留下了许多经验和教训。

有一次皇帝问丞相陈平：“全国一年判决多少案件，收多少钱粮？”陈平回答：“这些事，可问主管部门。丞相只主管群臣，不管这些事。”日本松下电器公司集中统一领导下的分权管理，曾被美国人誉为“东洋魔术”。松下电器公司从1932年起实行“产品分类事业部体制”，以后又不断地完善这种体制。在这种体制下，各事业部有极大的经营管理自主权，在规定的资金使用范围和获得利润额的条件下，对所管产品的开发和人、财、物与产、供、销有权自主经营，全面管理。总公司不干涉事业部部长的正常工作，这样就大大激发了事业部的积极性。当松下电器公司开始制造电热锅时，东芝公司的电热锅早已独占鳌头，雄踞市场。此时，按常规的办法，松下电器公司就会利用别的产品的利润来补偿电热锅的生产，以促进它的发展。可是，松下电器公司却与众不同地把它从原来的电热器事业部中分离出来，成立了一个独立的事业部，使得电热锅事业部不得不绞尽脑汁，苦心经营，以图生存和发展，这样分离出来的结果，终于使松下电器公司的电热锅占有了50%的市场份额。

诸葛亮被后世誉为智慧和忠诚的化身，但他的致命弱点便是“政事无巨细，咸决于亮”。他为了报答刘备的知遇之恩，完成先帝的托孤之重，“寝不安席，食不甘味”“夙夜忧叹”，终于积劳成疾，只活了54岁就谢世了。连他的对手司马懿也曾预料到“孔明食少事烦，岂能久乎？”，后人在推崇他“鞠躬尽瘁，死而后已”的忘我精神和运筹帷幄的超人才华之余，又对他事必躬亲的作风不胜惋惜。把大小事情都自己包揽过来，日夜拼命干的领导者，一方面自己忙得团团转，甚至像诸葛亮那样累死；而另一方面，下属被夺去了应有的权力，其积极性大受挫伤。《韩非子》中“乐池用门客”的故事就是一例。中山国相国乐池，奉命带领百驾车出使赵国，为了管好队伍，他便在门客中选出一个能干的人带队。走到半路，车队不听指挥乱了行列，乐池责难那个门客说：“我认为你是有才能的人，所以叫你来领队，为什么弄得半路上就乱了阵脚？”那门客回答：“你不懂管理技术，要管好队伍，就要有职有权，能根据各人的表现对他实行必要的奖惩。我现在是下等门客，你没有授给我这方面的职权，出现失误为什么要怪我呢？”

所以，领导者要腾出精力、时间抓大事、想全局，就必须使用分权术，要想调动下属的积极性，就必须坚决授权。授权，用一句通俗易懂的话来说，就是领导者将应属于下属的权力授给下属。对领导者来说，授权是应该掌握的一项基本的领导技能。

授权是一种重要的用人艺术，是分层管理的需要，是成就事业的必要手段。大胆授权对领导者来说，既是必要的也是有利的，它可以使领导者从琐碎的日常事务中解脱出来，专心处理全局性的重大问题。可以提高下属的工作积极性，增强责任心，发挥其特长，提高工作效率。凡是高明的领导者，无不精于授权。刘伯承同志历来强调各级干部要“执事者各执其事”，他最反对两种做法：一是领导者“包打包唱”，不注意发挥下级和群众的积极性。二是工作“踢皮球”，自己不动手，专叫别人干。他在主持军事学院工作时，就提出了“集体领导，分工负责”“共同学习政治，各自钻研业务”“机关横宽纵短，单刀直入基层”3个口号。美国前总统里根也非常精于授权之道。他曾对美国《幸福》杂志记者说：“让那些你能够物色到的最出色的人在你身边工作，授予他们权力，只要你制定的政策在得到执行就不要去干涉。”

美国著名企业家、国际出租汽车公司总经理罗伯特·汤森德曾举例说明应如何授权。面临一份需要重新签订的合同，有两个竞争厂家，一个是老主顾，一个是新客户。该经理应如下授权：一是物色一个人，把签订合同的权力给他，让他全面负责谈判。二是把合同中各项条款的最低和最高要求写在纸上。三是给有关专家几天时间，讨论一下你所提出的要求，然后把意见汇总，反复修改，最后重新写出来。四是让谈判人守在电话机旁，你给每个厂商的最高领导打个电话，寒暄几句后就说：“我已决定让某某去谈这份合同了，无论他提出什么意见，我都同意，一切由他拍板，我的要求是30天内签好合同。”

3. 防止权力异化

领导者在运用权力中，一方面，要自我约束，不要把权力商品化，造成自己越权现象。另一方面，又要对被授权的下属进行适当控制，防止其放任自流，尾大不掉，发生越权现象。

（1）学会自我约束。任何一个领导者，都有一定的权力。但是无论什么权力，毕竟上下有限，左右有度，不可越权。领导者能行使多大的权力，应该有一种权力约束机制，以免丧失行使权力的有效途径。日本最佳电器株式会社社长兆田光男为了约束自己的权力，创造了一套“金鱼缸”管理方法。他在解释这套管理方法时说：“下属的眼睛是雪亮的，当老板的，一举一动，下属都看在眼里，你如果用公司的钱花天酒地，偷税漏税，下属知道了，就一定会瞧不起你。在这种情况下，你还能要求他们努力工作和操守清廉吗？”所谓“金鱼缸”管理，就是我们所说的“透明度”和“公开”。办任何事情，透明度高了，自觉将行为置于众目睽睽之下，就会有效地防止权力的无度使用。领导者要达到自然约束的效果，必须做到以下几点：①克服权力欲。一些领导者认为权力到手，便可主宰一切。有了权力，就有了权威、权势，就可为所欲为，独来独往。于是把人、财、物等各种权力集于个人一身，主观、专断，个人说了算，建立自己的小王国，这种想法必须克服。②增强自我角色意识。任何领导者都要意识到，在权限范围内是领导者，权限范围外是普通工作人员。要按客观实际认识自己，有自知之明，把自己放在适当位置，在不同场合，对不同事情扮演不同角色。③在权力范围内活动。领导者要明确自己的权力极限，不可越过，应在权力范围内行事。为了防止越权，领导者要安排好自己的工作日程，按部就班地工作，这样可以克服工作随意性。

（2）防止下属越权。《韩非子》里有这样一个故事：鲁国有个人叫阳虎，他经常说：“君主如果圣明，当臣子的就会尽心效忠，不敢有二心，君主若昏庸，臣子就敷衍应酬，甚至心怀鬼胎，但表面上虚与委蛇，然而暗中欺君而谋私利。”阳虎因此触怒了鲁国国君，被驱逐出境。他跑到赵国，赵王十分赏识他的才能，拜他为相。近臣向赵王劝谏说："听说阳虎私心很重，怎能用这种人处理朝政？"赵王答："阳虎或许会寻机谋私，但我会小心监视，防止他这样做，只要我拥有不致被臣子篡权的力量，他岂能伤害到我呢？"赵王在一定程度上控制着阳虎，使他不敢有逾越，阳虎则在相位上施展自己的抱负和才能，终使赵国威震四方，称霸诸侯。

领导者在授权的同时，必须进行有效指导和控制，防止下属越权。当然对下属的越权现象，要根据不同情况，区别对待。

第一，先表扬后批评。有的下级越权，是做了应由上级领导者决定的事。这和他较强的事业心、责任心有关。这种越权精神倒显可贵，对这种出于正当动机而越权的下属，应该既表扬又批评，先表扬后批评，这样下属才为领导者的公正、体贴、实事求是所感动，才会领悟到什么该做，什么不该做。

第二，下不为例。有时下属越权决定而处理的事情，可能是正确的，甚至干得很好，即使这样，可以维护现状，领导者也一定要指出下不为例。

第三，因势利导，纠正错误。有时下属越权，对事情的处理是错误的，这时领导者要根据实际情况及时补救、纠正，"亡羊补牢"，力争把损失减少到最小，并教育下属吸取教训，警戒其越权行为。

避免授权的失误

领导者授权容易犯"截留式"的授权、"牧羊式"的授权、"空头支票式"的授权、"完美式"的授权、"遥控式"的授权以及"无反馈式"的授权等几种毛病。

"牧羊式"的授权是指领导者在授给下属权力后，像牧羊人放羊一样，一切听其自然。这种看似给下属以完全自由的做法，实则滑入了放任不管的泥坑。

"截留式"的授权是指领导者在授权时总是不适当地担心下属会滥用职

权，或者认为完成那项任务不需要那么多的权力，因此在授权时，往往不授给完成任务所需的全部权力。

“空头支票式”的授权是指领导者名义上将权力授予下属，但实际上却千方百计地阻挠下属运用已授予的权力。这类授权只不过是有名无实的空头支票。

“完美式”的授权是指领导者在奢求十全十美心态的支配下，总是为防止下属发生失误而找借口过多地限制下属的行动，他要求下属不能有任何的工作失误。

“遥控式”的授权是指领导者混淆了对下属开展工作实施建设性的、积极的监控与放手让下属开展工作之间的界限。

“无反馈式”的授权是指领导者无意于亲自建立和实行有效的对下属开展工作的反馈控制。这种“无反馈式”的授权使领导者既不能及时获得各方面的最新信息以便修订本部门的发展战略、策略，也不能使领导者根据各种变化，积极地、有效地指导下属的工作。

做好授权后的控制

领导者进行明确授权后，其主要职责就是进行有效的控制，即要牢牢地掌握总目标，放手不撒手，对下属应多指导。

领导者授权的全部目的，就在于激励下属为实现组织的总目标而分担更多的责任。现代的任何组织，无论是企业、事业、机关、团体以及军事单位，都是一个多因素、多层次的有机整体，整体与局部、整体与环境、局部与局部之间都有着密切的联系，任何局部出现偏差都会妨碍组织总目标的实现。领导者的根本任务是要保证组织总目标的实现。因此，授权以后的领导者，就要把精力主要放在议大事、掌握全局上，时时综观全局的各个过程，及时掌握变化中的新情况，发现领导决策和执行中出现的偏差、矛盾和问题，并对可能出现的偏离目标的局部现象进行协调和纠正。

下属有了职权之后，计划如何制定，工作如何安排，任务如何完成，派谁去完成，这些都是下属分内的事，领导者不宜再去过问。领导者要过问的是下属的目标能否如期或提前实现。领导者要善于发挥导向作用，根据形势的发展，为下属提供切合实际的观点、方法和措施。要多协商，少强制；多发问，少命令。领导者要大力支持其工作，不要强迫下属做力所不能及的事情。

领导者的授权，是让下属分担责任，要放手让他们对各自职权范围内的事进行决策和处理，只有当下属之间不协调或发生矛盾时，领导者才应出面解决。但授权不是让权，授权以后领导者照样负有全部责任，不能撒手不管。如果领导者授权是图省事，享清闲，自己当“甩手掌柜”，那就错了。领导者在其位，就要谋其政，行其权，负其责。

放手，但定期检查不可少

一旦领导者把一项任务授权，就要让员工有充分尝试的机会，不要干涉。让员工去做，哪怕做得并不好。一旦把任务授权出去，就千万不要越权。要明白领导者委托给员工的是整体的、重要的工作，而且的确已经授权了这些工作。授权就像是放风筝，要给它足够的空间去翱翔。如果把任务收回或是简化了，领导者的干涉只能挫伤员工的积极性，使他们难以圆满地完成任务。

犯错不是放手的必然结果。

领导者作为上级，在一些问题上，给员工及时的指点是必要的，但必须明确区分越权和指导的界线。

策划一系列的成功授权来帮助员工成长和提高，并不是说领导者授权的时候要寻找一切机会避免犯错。不是所有的授权任务都能正确地完成。实际上，错误是领导者从经验中学习的一个必不可少的部分。它告诉领导者什么是不能去做的。知道什么不该做的人比从来不被允许去冒险而犯错误的人要明智。从不犯错误的人往往听命于犯过错误的人。当然，领导者不希望员工因犯过多次的错误而失去信心，领导者会限制他们犯错的机会。

员工没能正确地完成任务可能意味着授权没有进行彻底，领导者的控制有可能也不管用。如果员工没有完成授权任务，应该寻找原因，回头看看所设的目标是否陈述清楚，是否现实，在整个授权过程中是否进行了督导。正确的督导体系可以防止大的或严重的失败。

一旦员工意识到他们犯了错误，就不要反复地提及。这样会让员工感到沮丧，要多强调正面的东西，对他们做得对的方面要及时地肯定，然后再帮他们分析错误的原因。假设卡车司机在最后期限内把急需的货物送到了最重要的客户手中，但是回工厂的时候因快速行驶而发生了交通事故。这时，对他及时送货而让客户满意要表扬，但要和他认真谈谈他的开车习惯。领导者只能给自己几分钟的生气时间，过后就让它结束。不要揪住一个人的错误不放，这样做是愚蠢的。

同样，要注意的是主观的努力，而不是客观的环境。当批评完员工以后，不要忘了表扬他做得好的地方，这样会促使员工重新思考他们的行动。在任何时候，人们一次能接受的批评是有限度的。如果超过了这个限度，他们就会开始自卫，开始否定批评的正确性并把它拒之门外。因此，当有人真正把一件事情办糟的时候，尽量去帮他逐渐把事情弄妥帖，而不要把一切责任一股脑儿地往他身上推。

当领导者授权时，要放手让员工有展示自己才华的空间。这表明对他有信心，对增强员工自己的信心也大有好处。但是必须继续定期检查，以确保被授权的任务在正确轨道上运行。从逻辑上来说，这是合理的。

辛西亚是《华盛顿邮报》的编辑。正如管理类书中教给她的那样，她相信授权。作为一名工作繁忙的女性，她十分希望她的手下能为她分担一部分工作。

麦克是一个特别项目的统筹。他非常着急，因为一篇评论没有写出来，可他又不想照以前的方式来写这一部分。这时，辛西亚向麦克做出保证，她会如期做好这件事情，尽管时间很紧。

辛西亚马上把有关这个题材主要的论题收集整理出来，列了一张单子。她把这张单子放在道格的桌上，还用红笔写了一张很大的便条："道格，马上着手写这篇稿子。时间非常紧急。"然而，她怎么都没有想到，道格——她的得力助手，因为家里出了事，请了一个多礼拜的假，根本没来上班。

两个星期后，辛西亚去参加一个编辑会议，在路上碰见了道格，便问他工作进展得如何。看到道格一脸的茫然，辛西亚知道不妙。当她解释了是哪项工作时，道格说："哦，是那个呀。我 4 天前才看到你留的条子，那时我刚参加了家人的葬礼回来。顺便说一下，在做这件事之前我需要向你确认几件事情……"

听到此话，辛西亚对道格发了一通脾气，她当着其他记者的面，在编辑部把道格好好地训了一通，虽然她知道这样做是不对的。其实，她是在生自己的气，因为，她没有想到要早点检查一下项目的进展。这就是在那些希望做到最好却因为没有定期检查而失败的人身上所发生的事情。

领导者有很多方式可以监控授权，如口头会议、书面总结、正式报告、流程图、核对表、日历等。关键的因素是：必须要有个时间进程表。要控制它以避免发生重大的失误，这个责任要由领导者来负。

领导者要牢牢记住在授权之前和授权之后所承担的责任是什么。定期检查是授权过程中的关键。应该建立一个自动检测系统。这样就会得到规律性的简短报告，每周、每天、每月或者任何适当的时间，告知被授权任务的完成情况。从这些报告中得来的新数据可能会使你重新调整这个项目。或许你会发现这个项目正处于混乱之中，领导者可以选择适当的时候介入，使其重上正轨。把握定期检查的正确尺度。

在多大程度上，关注一项已被授权的任务，取决于以下 4 个因素：

（1）完成任务的难度和重要性。

（2）如未能如期完成，会有什么后果。

（3）被授权员工的能力。

（4）被授权员工的士气和发展。

忽略了以上任何一项都会带来麻烦，或者至少会削弱整个授权的效果。领导者需要全面地权衡这 4 个因素，然后决定在多大尺度上来监控授权。

比如，琼斯是一家化妆品单位的销售领导，负责组织一次消费者调查，以评估一个新一代护肤品的受欢迎程度。杰克是合作社的学生，在琼斯这一组工作。琼斯决定让杰克来组织这一次调查，这对杰克会是一次很好的锻炼机会，调查的结果必须在 10 月 1 日前出来。

6 月 15 日，琼斯和杰克在她的办公室碰面，讨论授权的事情。琼斯向杰克描述了整个任务，还开了一个完整的授权会议，因为这会帮助杰克正确地起步。琼斯同意杰克访问 50 名消费者以确定他们对这种护肤品的看法，然后 9 月 1 日之前写一份总结报告。

当杰克离开琼斯的办公室的时候，他说："琼斯，你有一件事情没有提到那就是你将如何监控这项工作的进展。"琼斯回答说："我明天给你一个答复。"琼斯制定了定期检查计划，并制成表格形式：当琼斯完成这张表格时，她复印了一份给杰克。这样他们就可以按照这个定期检查的日程来开展各项工作。

Chapter 10

如何聪明地设计薪酬

在管理中，金钱虽然不是唯一的激励物，但是却是无比重要的激励要素。因此，管理者需要合理科学地设计组织的薪酬体系。

适当确定固定报酬和浮动报酬的比例

对于员工的薪酬而言，固定薪和浮动薪的比例问题一向很重要。从美国企业的经验来看，浮动薪一般都占到了50%以上，而对于一些持有大量公司股票期权的高层经理而言，这个比例可以达到80%甚至更高。这只是一个笼统的比例，具体数字应当结合企业和员工的具体情况加以分析：

从员工的种类来看，对于效益较为明显，且工作创造性要求较高的技术类和销售类员工而言，浮动薪的比例应更高，这有利于提高其积极性，化压力为动力。像许多企业就取消了技术人员的基本工资，而销售人员没有底薪更是司空见惯的事情。管理类员工则应当适当提高固定薪的比例，毕竟他们工作的绩效更不易衡量，而且贡献的延续性较强。

从企业所处的发展阶段来看，在企业处于发展前期时，员工的固定薪应当更高。这是因为，这时员工的工作更具储蓄性。从整个企业组织结构和制度的构建与完善到一项前所未有的新产品、新技术的开发与研制，从销售网点的一个个建立到销售网络的逐步扩张，前期员工的努力是企业可持续性长远发展及日后获得高额利润所不可缺少的重要因素。而这些努力在开始时是很难在企业的利润表上反映出来的。而在企业处于成熟期后，业务的开拓和企业的发展更需要员工开创性的工作，而不是坐享其成，适当的提高浮动薪的比例就可以引导员工向这个方向努力。

从企业的性质来看，高科技企业的员工薪水中浮动的部分应当更多，而成熟产业或者夕阳产业的员工薪水则应当以固定薪为主。

对内具有公平性，对外具有竞争性

对内公平合理是薪酬体系的主题，解决的是内部一致性问题。只有公平地对待每一名员工，才会保持组织内积极向上的气氛。高薪并不一定能够留住人，企业中拿最高薪水的人离职的现象并不少见，这在很大程度上是因为企业对不同的绩效支付的工资差别不够，从而使他们认为与其他人相比自己仍受到了不公的待遇；而对外具有竞争力，则是指公司本身的薪酬水平与市场竞争者的薪酬水平的比较。从目前人才市场情况来看，公司薪酬水平的高低仍是决定公司能否吸引并留住员工最重要的因素之一。优秀员工作为一种稀缺资源，要得到就必然要付出更大的代价，表现在薪酬水平确定方面就是较市场平均水平要更具竞争性。

薪酬的发放形式还要注意以下几点。

1. 尽量少发红包

薪酬的发放方式应当力求公开、透明，应当尽量减少直至不使用私下发红包的方式。公开的薪酬发放方式可以产生很好的示范效应，“看，达到这样的业绩就可以拿到这么多钱，”从而引导员工向公司设定的目标努力。但是许多企业的老板都习惯于给员工私下发放红包，以奖励其对企业作出的突出贡献。私下发红包容易引起员工之间的相互猜疑，破坏企业内部的和谐气氛，而且红包的多少由老板一个人说了算，本身就与现代企业制度所倡导的科学公开的绩效考核体系相背离。特别是很多员工本身就属于企业的高级领导，给他们发红包更容易在企业内部造成不良的影响。

但是公开发放薪酬要建立在拥有科学、完善的绩效考核体系基础之上。否则，完全公开有可能使员工争先钻制度的空子。在实践中，中小企业中很少有能够完全公开发放的。所以从短期看，这种方式有其存在的合理性；但从长期企业制度的完善来看，则应当逐步废除。

2. 适当降低期望值

在给员工调薪时，如何既能控制人力成本的增长又不减少对员工的激励呢？一种有效的方法就是先降低员工对其薪酬目标的期望值，比如对员工预期的调薪幅度和调薪范围作低调处理。这样当员工发现其事实上的调薪幅度超过其预想时，就会产生一种满足感。即使没有满足感，与这种方法实施前相比，他对企业的不满程度也会大大降低。

3. 适当缩短奖励间隔，保持激励及时性

根据心理学家的有关研究，频繁的小规模的奖励比大规模的奖励更为有效。所以，企业管理者可以把本应一次性发放的薪酬分为几次，从而减少了薪酬发放的时间间隔，保持了对员工激励的及时性。另外，还可以把一部分薪酬变为不定期发放，让员工有更多的惊喜，增加激励的作用。

全面薪酬，“外在”奖励与“内在”奖励相结合

一家知名公司招聘，一位毕业生前去应聘。

面试快结束的时候，老板问毕业生：“你想要什么样的薪酬待遇？”

毕业生充满畅想地说：“我希望一个月薪水10万元，每年有一个月公费海外培训的机会，半年在瑞士的分公司，半年在法国的分公司，因为我喜欢这两个国家的风土人情。”

老板说：“我一个月给你20万元薪水，一年有两个月公费让你海外培训，

公司的分公司你随便选。”

毕业生惊讶地说：“不会吧，条件这么优越？您该不会跟我开玩笑吧！”

老板说：“是你先跟我开玩笑的！”

毕业生除了对薪酬提出要求外，还希望获得很好的培训机会，并对工作环境给予了格外重视。由此可见，单纯满足员工物质性要求，所产生的激励效果是有限的。

全面薪酬战略是目前发达国家普遍推行的一种薪酬支付方式，它源自20世纪80年代中期的美国。当时美国公司处在结构大调整时期，许多公司都渐渐放弃了相对稳定的、基于岗位的薪酬战略，而采取了相对浮动的、基于绩效的薪酬战略，使薪酬福利与绩效紧密挂钩。

采取全面薪酬战略后，公司把支付给受聘者的薪酬分为“外在”和“内在”两大类。“外在”的奖励，主要是指为受聘者提供的可量化的货币性价值，比如，基本工资、奖金等短期激励薪酬；股票期权等长期奖励薪酬；失业保险、医疗保险等货币性的福利；以及公司支付的其他各种货币性的开支，如住房津贴、俱乐部成员卡、公司配车等。“内在”的奖励，则是指那些给员工提供的不能以量化的货币形式表现的各种奖励价值，比如，对工作的满意度；为完成工作而提供的各种顺手的工具（如好的计算机）；培训的机会；提高个人名望的机会（如为著名大公司工作）；吸引人的公司文化；相互配合的工作环境；以及公司对个人的表彰、谢意等。“外在”奖励与“内在”奖励相结合，被称为“全面薪酬”。

全面薪酬管理关注企业的经营，体现了组织价值观、绩效期望和绩效标准，会对与组织目标保持一致的结果和行为给予报酬，使那些绩效优异的人得到较高的经济回报；绩效不佳者因为难以获得高的经济回报，便会被诱导离开组织。全面薪酬战略摒弃了原有的级别体系和官僚结构，以客户满意度为中心，鼓励创新精神和持续的绩效改进，并对娴熟的专业技能提供奖励，从而在员工和企业之间营造出一种双赢的激励氛围。因此，关注绩效而不是等级秩序，是全面薪酬战略的一个最重要的特征。

高素质员工为什么会被低素质员工淘汰

在一次战争中，将军为了鼓舞士气，准备投身到前线去。在他起身的时候，前方的士兵向将军报告说："将军！前方20米的地方有一个狙击手，不过他的枪法太差，这几天开了很多枪，没有打死一个人。"

将军厉声道："既然发现狙击手，为什么不把他干掉？"

士兵说："将军！你疯了吗？难道你要他们换一个比较准的吗？"

当一个职位被安排了一个绩效相对低的员工时，便等于使绩效高的员工失去了发挥能力的机会，以致千里马老死于马厩之中。

格雷欣法则，即经济学中的劣币驱除良币规律，意为两种实际价值不同而名义价值相同的货币同时流通时，实际价值较高的货币，即良币，必然退出流通领域——它们被收藏、熔化或被输出国外；而实际价值较低的货币，即劣币，反而在市场上大行其道。在双本位货币制度的情况下，两种货币同时流通时，如果其中之一发生贬值，其实际价值相对低于另一种货币的价值，实际价值高于法定价值的"良币"将被普遍收藏起来，逐步从市场上消失，最终被驱逐出流通领域，而实际价值低于法定价值的"劣币"将在市场上泛滥成灾。"良币"的实际价值虽高于"劣币"，但在市场中却享有同样的法定价值，自然会促使"良币"去实现更符合其实际价值的功用，导致"劣币"成为流通的主体。

格雷欣法则在现实世界的运行中具有普遍适应性，涉及企业管理领域，如果企业制定的薪酬制度不合理，也会导致低素质员工对高素质员工的"驱逐"。

在很多事业单位里，资历是决定薪酬的主要因素，很多高素质人才空降到事业后，薪酬远不如那些资质平庸的"前辈"，高素质人才便会认为自己没有受到企业的平等对待，以致抽身而去，徒剩下了一些素质较低的人才。

企业追求平等主义，为所有员工制定了相差无几的薪酬，高素质员工也会心理失衡，因为他们认为与自己同列的人能力低于自己，反而享受着同样的待遇，自己看不到发展的前景，便选择离开组织。

即使高素质人才的薪酬高于低素质人才，但如果他们对企业的相对价值不成比例，也难以留下高素质人才。比如，甲为高素质员工，乙为低素质员工，甲对于企业的贡献是乙的 5 倍，薪酬却只是乙的 2 倍，高素质员工仍然无法产生公平感，会转而去寻求薪酬制度更公平的工作环境。

对于高素质员工而言，薪酬是自己成就大小的最好证明，他们注重自己在组织中的相对地位，通过薪酬的多寡来获得心理和外界的认同，公平感的缺失常常是他们离开组织的关键原因之一。对于企业而言，人才的流失便意味着企业失去了后续发展的支持力量，为此企业意欲将高素质人才留在企业内部，便要采取合理的薪酬制度，权衡按贡献定薪酬和按资历定薪酬的利弊，尽量在两种制度中找到一个平衡点，使低素质员工和高素质员工都对组织产生较高的满意度。

德西效应：重视外在报酬，兼顾内在报酬

一位犹太老人退休后生活在位于乡村的住所里，每天下午，一群小孩就跑到老人的住所外面，大声喊着："犹太佬！犹太佬！"接连几天后，老人走出了自己的住所，对孩子们说："我一个人住在这里很寂寞，幸亏有你们在这里，为了奖励你们，今天我付给你们每人 50 分，如果以后你们每天都来叫喊几声，我就继续付给你们每人 50 分。"孩子们拿着钱很高兴地答应了。

一周以后，老人和这群孩子商量："政府给我的退休金并不多，我现在没钱付给你们了，你们能答应我每天还在我的住所外叫喊吗？""哼，不给钱，还想听我们叫喊，想得美！"孩子们摇着头跑开了。

从此以后，孩子们再也不在老人的住所外叫喊了。

叫喊本来是孩子们的乐趣，但聪明的犹太老人把叫喊与奖金关联后，叫喊便从孩子们的乐趣沦为了奖金的交换物。

德西是一名心理学家，他在 1971 年做过一个关于奖励的实验。他选择一些大学生为被试者，让他们在实验室里破解有趣的智力难题。实验分为 3 个阶段：第一阶段，所有的被试者都没有奖励；第二阶段，将被试者分为两组，实验组的被试者完成一个难题可得到 1 美元的报酬，而控制组的被试者没有任何报酬；第三阶段，被试者可以选择在原地自由活动，也可以选择继续解题。结果，受到奖励的实验组的人员在第二阶段十分努力，第三阶段则很少有人愿意继续解题，这表明兴趣与努力的程度在减弱；而没有奖励的控制组在第三阶段仍然愿意花更多的休息时间继续解题，表明兴趣与努力的程度在增强。

德西通过实验得出了一项结论：在某些情况下，如果人们可以同时获得内在报酬和外在报酬，不但不会增强工作动机，反而会降低工作动机——这便是“德西效应”。德西效应表明，进行一项愉快的活动（即内在报酬），如果外部提供物质奖励的话，反而会减少活动对参与者的吸引力。笑话中孩子们“无奖励便不叫喊”的做法，正是德西效应的现实体现。

德西效应对于管理学有着很大的启发意义，企业常常将薪酬、奖金及一系列评比活动作为激励员工的手段，然而，如果薪酬激励使用不当，反而会“南辕北辙”，减弱了员工工作的自发性。比如，得到高物质奖励的员工会认为自己只是为钱在工作，从而大大伤害了员工自发的忠诚和绩效。企业还常常会发生这样的状况，明明提高了员工的薪水，增加了奖金发放的力度，但是依然无法留下那些高素质的人才。究其根本，这是因为人们想从工作中得到的不仅仅是金钱，他们还在乎工作中的乐趣、自我在工作过程中的发展、所获得的培训机会，以及和谐的人际关系等。

因此，企业在激励员工的时候要摆脱对于薪酬激励的倚仗，薪酬虽然是企业管人的一个有效硬件，但是薪酬并不具有绝对的激励优势，如果使用不好，可能会带来德西效应，不仅不能激励员工，反而造成负面影响。在 IBM 公司的绩效文化中，有一条众所周知的原则：“加薪非必然。”虽然 IBM 的工资水平在外企中不是最高的，也不是最低的，但 IBM 有一个让所有员工坚信不疑的游戏规则：“干得好加薪是必然的。”IBM 薪酬政策的精神是通过有竞争力的策略,吸引和激励业绩表现优秀的员工继续在岗位上保持高水平。IBM 注重将外在报酬和内在报酬相互挂钩以避免德西效应的产生，这种激励模式对于其他企业有很高的借鉴价值。

较低的薪水只能得到较差的劳动效果

有几个人很爱搞恶作剧，他们去一家饭馆吃饭的时候，总喜欢变着法地与店里一个看似木讷的侍者开玩笑，他们或者把茶壶里的水倒掉，谎称侍者一直没有送水来，或者在餐后藏起一个盘子，投诉侍者记错了账单，可是不论他们搞出什么花样，侍者从来不抱怨。

一天，这几个人吃完了饭，付给了侍者一笔小费，并且抱歉地说：“你真是个杰出的员工，我们以前多次跟你开玩笑，你也没有生气，从今以后，我们再也不那样做了。

“谢谢！”侍者用习惯的平静语气说，“那我以后再也不在你们的咖啡里掺鞋油了！”

那几个爱搞恶作剧的人本以为自己一直是胜者，事实上，他们的恶作剧自然会招致侍者对他们的报复。在这个游戏里，他们都是恶作剧的受害者。同样道理，老板总是以为付给员工的薪水越低，公司的成本支出也越少，自己在与员工的博弈中也赢得越多；然而，事实并不完全如此，较低的薪水只能得到较差的劳动效果。

在企业经营中，企业支付给员工的薪水在企业总成本支出中占据着相当的比重，因此在经营者的盘算中，付给员工的薪水少一些，企业的成本支出相应的也会少一些，企业便能够获得更高的利润。然而，低薪的逻辑并不完全如此。因为，这种薪酬思维方式混淆了人工工资率与人工成本的区别，人工工资率是员工在单位时间内所获得的报酬，如每小时薪水为200元人民币便是人工工资率的表达方式；人工成本则是企业在生产经营中由投入劳动力要素所发生的一切费用，需要将生产率的因素考虑在内。因此，如果企业经营者付给员工的薪水较低，薪水的数量达不到员工的期望，员工的士气便会降低，导致员工只提供少量的、低质的劳动成果，对经营利润的获得产生负面影响。

再者，较低的薪水还会导致企业吸引不到能力较强、技术专精的人才，因此企业不得不聘用能力较低的员工，这自然会对劳动生产率的提高造成不利影响。因此，从根本上说，低薪策略非但没有使企业的人工成本降低，反而增加了人工成本的支出量。比如，企业拒绝了一位月薪要求为8 000元的高技术人才，选择一位月薪要求为5 000元的技术不那么专精的人，从表面上看，虽然相较前者，雇佣后者节省了企业成本的支出，但是前者的劳动生产率是后者的两倍，完成同样的工作，企业需要雇佣两个月薪要求为5 000元的人，由此来看，企业的人工成本非但没有减少，反而增加了。

1997年，摩托罗拉公司曾经在德国开设了一家生产移动电话的工厂，他们付给当地德国工人的工资高达30美元每小时，当时很多财经杂志都评论了摩托罗拉这一“失当”之举，指出摩托罗拉公司的“人工成本”太高了。其实，财经杂志也混淆了人工工资率与人工成本的区别，摩托罗拉之所以这么做，是因为德国工人能够产生更高的劳动生产率，公司的人工成本并不像传媒所说的那么高。

对于大多数人而言，获得薪水是工作的最主要原因，如果企业从成本的角度考虑，付给员工较低的薪水或者采取缩减薪水的策略，便会挫伤员工的工作积极性，使企业很难实现相对较高的组织绩效。低薪策略并不能为企业建立长久有效的竞争优势，企业经营者在决定是否将更多的钱放进员工口袋前，首先应明白这样一个道理：关于薪酬的给予，重要的不是付给了员工多少薪水，而是员工能够为企业创造出什么。

薪水长期不变，会降低员工的工作积极性

“约翰，你怎么在上班时间喝酒，你知不知道这是违反公司制度的？”

“对不起，老板，我只是想纪念我最后一次加薪 20 周年。”

在这段对话中，约翰用“上班时间喝酒”这一违反纪律的行为，来消极表达对公司加薪制度的抱怨。

合理而有竞争性的薪酬制度能激发员工的积极性和主动性，促使员工努力实现组织的目标，如果员工的薪酬如死水一般长期不变，奖金也如海市蜃楼般难以触摸，将会增加员工的不满意度，降低他们的工作积极性。

企业制定合理而有竞争性的薪酬制度，可以使其变成强有效的激励员工的手段。一般而言，薪酬对于员工的激励主要体现在两个方面：第一个是绩效加薪，第二个是奖金的发放。所谓绩效加薪，就是在员工现有基本薪酬的基础上，参考市场薪酬水平，同时，主要根据员工的绩效评价结果（有时还要考虑员工所在部门的业绩及整个公司的业绩）来增加员工的基本薪酬的一种做法。奖金虽然也是与员工个人的绩效相关的现金奖励，但是奖金与绩效加薪的最大区别在于：绩效加薪会导致员工的基本薪酬不断增加；而奖金多属于一次性支付的性质，它不会改变员工的基本薪酬。

绩效加薪具有一种刚性特点，即使每次加薪的幅度不大，但是久而久之，也可能导致企业在不知不觉中，将员工的基本薪酬提高到对成本构成较大压力的地步。此外，绩效加薪还会产生心理的惯性化，员工渐渐地把加薪看成一种理所当然的既得权利，而不是一种激励性的力量。因此，奖金的优势便突显了出来，它随机发放，是一种意外收入，常常能发挥较强的激励效果。而且频繁的、小规模的奖励，其激励效用常常大于大规模的奖励，因为不定期的奖励增加了员工惊喜的程度，自然激励的效果也更大。

全球知名企业 IBM 特别注重运用薪酬完善企业的激励机制，每到年初的

时候，IBM 的员工就非常关心自己的工资卡，因为去年的工作表现完全体现在自己的薪资涨幅中。IBM 的薪金构成很复杂，但里面不会有学历工资和工龄工资，员工的薪金与岗位、职务、工作表现和工作业绩有直接关系，但与工作时间长短和学历高低没有必然联系。这种薪金管理模式最大化地达到了奖励进步、督促平庸的效果，逐渐被 IBM 发展成了高绩效文化。

薪酬保密制度，反而会让员工私下打听

一家公司实行工资保密制度，他们在员工的工资单上特别附加了这样一句话：“你的工资是你的私事，请不要向其他人泄露。”

该公司来了名新职员，他在工资单上签名的时候写下了如下的话：“我不会向任何人提起的，就像你们一样感到很害臊。”

在很多企业，员工的工资并不是同等的。企业为了避免薪酬差异所产生的心理落差，往往采取保密的方式发放，而且要求员工不能把自己的工资泄露给其他的员工。然而，薪酬保密制度是否真的有助于组织内部的和谐呢？

薪酬为员工满足物质生活提供了必要条件，也是员工获得自我认同和组织地位的一种外在证明，也正因此，使薪酬在激发员工工作热情方面起着不可小觑的作用。如果员工认为自己的努力与付出受到了组织公平的对待，他们便会更愿意为了公司的发展而奋斗。然而根据“公平理论”的观点，员工内心的公平感并不由薪酬的绝对值所决定，而是取决于薪酬的相对值，他们乐于把其他同事作为比较对象，如果他们认为一个同事能力不如自己、学历背景稍逊自己、对于公司的贡献也没有大于自己，公司支付给他的薪水却大于自己的所得，他们便会心生不平，对公司产生怨恨情绪。因此，很多企业索性把员工的薪酬视为不能说的秘密，企业刻意向员工隐瞒其他员工的薪资水平，也要求员工不要把自己的薪酬告诉他人，以此避免员工由于对比而产生不公平心理。

可是，心理学中有一个术语叫“禁果效应”，指的是越是禁止的东西，人们越要得到手，这与人们的好奇心与逆反心理有关。薪酬作为组织内部的敏感话题，即使员工无法从正常渠道获知他人的薪酬，他们也会试图通过其他渠道积极打探，这反而助长了员工的好奇与窥探的心理，使员工彼此之间相互猜忌，导致公司内部关系紧张。倘若他们私下获知自己的薪资水平不如自己的同事，更加会心生不平，认为自己受到了公司领导的欺骗，以消极怠工的形式对公司的不公平制度默默反抗。由此可见，保密薪酬制度在实际执行的时候，总会无端地增加很多负面的影响，并不如管理者所料想的那样万无一失。

相较保密薪酬制度，公开发放薪酬增加了企业管理的透明度，将“多劳多得、少劳少得”的激励原则明确地传达给了企业所有的员工，使员工深知企业的薪酬制度，增加了员工对组织的信任感和忠诚度。同时，每一份工作都明码标价，也促使员工为了获得更高的薪水而积极地规划自己的职业生涯，间接地提高了员工的素质。当然，公开发放薪酬也有无法避免的弊端，按照人的正常心理模式，人们总是惯于高估自己、低估他人，当员工对所有人的薪酬都心知肚明时，薪酬对比变得更加容易，他们常常会觉得某一个员工不如自己却领取着较高的薪水，进而觉得自己没有得到真正的赏识与尊重。

由此可见，秘密发放薪酬与公开发放薪酬两者都不具有绝对的优势，按照“权变”的观点，管理者应根据企业的文化特征、团队的成员结构、员工的职务设计变通地采取不同的薪酬发放模式，将两者灵活地结合起来，比如，在组织内部并不公开每一个职员的具体薪金数额，而是公布不同数额范围内的职员人数及薪金的平均值。

金钱激励不是万能的，但没有金钱却万万不能

一个年轻人性格内向，他决定买一只能言善辩的鹦鹉陪他聊天。

宠物店的老板指着一只鹦鹉说："那只鹦鹉是我们店里最好的，它会说1 000个词汇，会用50个常用短语，可以与人进行基本的聊天。"

年轻人对这只鹦鹉很满意，便把它买了下来。

第二天，年轻人来到了宠物店，向老板询问："那只鹦鹉到了家后一句话也不说，这是为什么？"

老板答道："这有点不正常，你买走的那只鹦鹉在我这里很喜欢玩玩具，要不你给它买几件喜欢的玩具放在笼子里。"年轻人从店里买走了几件玩具。

两天后，年轻人又找到了店老板问："那只鹦鹉还是一句话不说啊，这到底是怎么回事？"老板说："我建议你给它买一个洗澡、戏水用的盆子，以前它只要在盆子里玩水，就变得特别活跃。"年轻人又买了一个鹦鹉专用的小水盆。

又过了两天，年轻人垂头丧气地对老板说："那只鹦鹉到现在还是不肯说一句话。"老板似乎也被难住了，他尝试着说："这只鹦鹉特别喜欢别人夸奖他，以前我总是摇晃这个铃铛来表示对他的赞美。"年轻人虽然觉得这很难以理解，但他还是买走了老板的铃铛。

一周后，年轻人再次向老板取经，因为鹦鹉始终没有说一个字，老板猜测说："是不是它有点寂寞，缺个伴啊。"年轻人无奈地说："我前几天就已经特意买了一只鹦鹉陪它了，它看都不看那只新来的鹦鹉。"老板叹了一口气，说："这种问题我还是第一次遇到，难道是它的笼子不太合意，它住得厌烦了？"于是，年轻人提着一个新的华丽的鸟笼回到了家。

两天后，年轻人又返回了店里，手里拎着前几天买的笼子，可怜的鹦鹉躺在笼子里，显然已经死了。

"发生了什么事，它还是不肯开口说话？"老板看着死去的鹦鹉惊讶地问道。

"不，死之前它终于开口说话了。"

"它说了句什么话？"

"它说，"年轻人学着鹦鹉的腔调，"喂，难道宠物店不卖鸟食吗？"

故事中的“鸟食”，象征的是金钱激励。

“仓廪实而知礼节”，某些时候，虽然金钱激励不是最好的激励员工的手段，但是缺失金钱激励的激励便犹如海市蜃楼，不论管理者如何进行感情投资，也不过是“一场投入一场空”。

随着知识型员工逐渐成为企业发展最有价值的资源，企业激励员工的方式也呈百花齐放的状态，诸如成就激励、目标激励、感情投资等——企业寻找着更多更好的激励模式使员工为着企业的愿景而奋斗，激励方式渐渐地从物质领域过渡到精神的范围，但是这并不意味着企业可以取消物质激励，只凭对员工进行精神激励便可以虏获员工的心。

处于创业阶段的企业，由于资金储备有限，常常把缩减工资看作降低成本的有效手段，因此倾向于为员工制定低于行业平均水平的薪酬待遇，常常乐于为员工勾勒一个宏伟的企业愿景，以此鼓励员工忍受一时的捉襟见肘去换取志得意满的未来。可是，经济基础决定上层建筑，收入是员工的生存之本，起着保障和改善员工及其家人生活质量的作用，员工进行社会交际也需要物质作为基础。所以物质激励或许不是最有效的激励员工的手段，但缺少了物质激励，只会大大挫伤员工的工作积极性，使他们的理想成为无本之木、无源之水，最终使员工不愿意全身心投入到工作中去。

管理者关注员工的精神需求，侧重于从感情和心理方面激励员工，固然在某种程度上能增加员工对组织的满意度，但是精神激励常常需要具备一定的前提：其一，员工对于企业所支付的薪酬有较高的满意度，追求物质的满足已不再是他们最主要的工作目标；其二，员工对于工作成就的追求远胜过对物质的追求，即使对企业的薪酬待遇不满意，但他们由于追求高成就所获得的满足感能够补偿薪酬待遇方面的不满意。

多聘用兼职人员

一般来说，兼职人员的工作时间、工作地点和工作方式不受限制，服从公司统一领导，遵守公司各种规章制度，他们一般利用业务时间为公司开展业务、为公司工作。

通常情况下，公司所聘用的兼职人员的成本是可以控制的。兼职工作的雇员大都倾向于支付较大比例的健康保险，而在寿险、养老金和上缴应付工资税款等方面都会减少公司的开支。所以说，聘请兼职人员，由于薪酬普遍较低，而且公司也不需要负担其他福利，可以直接有效地降低人力成本。因此，越来越多的公司、企业为了节省成本，聘请兼职员工的比例在逐步提升。

聘用兼职员工能够有效的节省人力资源成本。除此之外，它还能作为紧急应变措施。

由于业务运作的需要，有部分行业，如零售业、餐饮业和酒店业等，还有一些职位，例如促销员、销售员、市场调查员等，都需要聘请兼职员工。事实上，部分求职人士由于需要照顾家庭、进修或其他原因，不能担任全职工作，因此，兼职工作亦较适合这类人士。

通常情况下，公司或企业聘用的兼职人员主要有两类对象，这一般视具体情况的不同作出正确的选择。下面将这两类对象介绍如下：

（1）学历不高、待遇较低的临时工。

（2）素质相对较高，一般都是高学历者，或者有专长者，在其被聘请的领域有优势的高级人才。比如，聘请一些计算机专业的人才作兼职程序员，聘请专家学者作顾问指导，聘请企业家作大学兼职教授等等。

不过，聘用兼职人员也有一定的不利之处，比如，兼职工作的雇员通常需要与专职雇员相同的办公场地。较大的障碍是管理上的不便，管理更多的雇员会使管理工作变得复杂化。此外，许多工作的开放性很强，很难对兼职人员的应得报酬作出判断。由于兼职人员薪酬较低，升迁困难，而且工作较辛苦，没有任何保障，所以流失率较高。

撇开管理上的复杂性不谈，雇用兼职人员对企业来说非常有利，这些有利之处从上面的分析当中都得到了彰显。至于管理上的复杂性，这里有几点建议可供参考：

（1）当工作成效可以量化时，经过合理管理的兼职员工的确能发挥作用。

（2）通过妥善安排兼职人员，可以发现其价值所在。

（3）运作出色的兼职计划可以留住表现出色的员工，而他们正是在经济放缓时雇主特别需要留住的人员。

Chapter 11

如何聪明地降低成本

我们习惯把 1 看作利润，9 看作成本，10 看成收入。10−9=1，收入 − 成本 = 利润，这就是企业的管理公式，这就是企业管理者必须高度管理的数字。

数字 1 是利润，是 1 成，也就是 10%，为什么只有 10%？即使世界五百强企业的平均利润只有 11% 到 15%，这说明企业的利润真的来之不易。

成功的企业家都会这样想，对企业而言，开源和节流同样重要，很多决策都要谨慎，每一次开支都要当成投资，以数字考核衡量一切。节约和公司的制度紧密相连；当节约成为公司制度的一部分，成为公司的企业文化，执行就是必然。企业家每天必须聚焦的数字就是 10−9=1，增 10 降 9。企业管理必须是数字管理而不是语文管理。

事前控制比事后算账更重要

降低成本应当做好事前控制，而不是事后算账。因为企业最大的成本是投资成本。“固定成本”看起来是不可变，实际上是相对的，在形成之前完全可以控制。事前的成本控制，即在经营活动之前，为保事前的成本得到控制而建立起来的成本控制制度。要把降低成本的大文章做在前面，从源头抓起，从建设项目立项、制定设备采购计划开始。根据需要确定项目规模、设备水平。要牢牢树立任何成本都是可控的观念。在企业广泛开展节约活动是非常必要的，既降低了成本，又培养了职工的节俭精神。但仅此还不够，更重要的是企业领导者要高度重视事前控制，把住“病从口入”关，用大手笔做好节约的大文章。

在事前进行的预防性成本控制，首先要根据成本习性把企业的全部成本分为可变成本和固定成本两大类，然后根据不同类型的成本采用不同的成本控制制度进行限制、监督和调节。在实务中，对于变动成本通常通过编制弹性预算进行事前控制。对于固定成本，在实际工作中可按酌量性固定成本和约束性固定成本分别进行事前控制。

对于一些业务宣传费、培训费等伸缩性较大的成本，可由企业管理者根据不同时期的财力负担能力确定其开支金额的大小，对于这类成本的事前控制，主要是通过分项目，事先制定一个固定预算，确定一个总金额，作为事前控制的依据，或是通过编制零基预算的方法来加强事前的成本控制，从而增加企业利润。

而对于折旧费、水电费等可约束性的成本，企业管理者的决策行动一般不能改变其数额。因此，对于它们的事前控制，主要应放在它们未确定之前进行，对约束性固定成本中的资本性支出，可根据支出预算中的数据，分项目制订固定预算，作为事前控制的依据。如企业计划在预算期内购置新设备，就要按此项目分别编制与此有关的固定费用预算，如折旧费、保险费、财产税、水电费等，作为今后控制实际发生数的标准，其他非资本性支出的约束性固定成本，可采用编制零基预算的方法加强事前的成本控制。

凡事要量化，少用形容词

中国很多企业管理者在企业经营和管理过程中，都带有浓厚的文学色彩，不知不觉地运用着语文方式。总是用很多形容词和感叹词来描述我们的状况。比如很多企业家经常说市场前景一片大好，增长率持续看好，提升空间颇大，消费者很喜欢我们的产品，客户满意度相当高……比如说我们经常描述我们的公司管理设备一流，各部门工作井然有序，大家充满信心努力完成任务等。

仔细一想，相当一部分企业家在在说话的时候，在做工作的时候，包括在开会的时候，真的在不知不觉说着这些词语，其实这些词语在企业的数字面前是苍白无力的。

其实企业真正所有的是数字，各项成本支出是数字，营业收入是数字，资薪奖金是数字，合同条款是数字，绩效考评的是数字……企业的每一天都是由数字组成的，我们的工作也应该把经历和时间都聚焦在用数字管理上。做企业就是做数学，管理就是管数字。

其中最重要的数字有三个：1、9、10，1 就是利润，9 是成本，10 是收入。10−9=1，也就是：收入 – 成本 = 利润，这就是企业的管理公式，也是企业家和经理人必须高度管理的数字。

数字 1 相当于 10% 的利润，数字 10 是开源，大多数企业包括创业者都比较重视，重视市场，重视营销，重视客户，企业所有的重点都围绕着增加收入、业务导向。

但是许多企业家往往忽略了一件事情，就是在前面冲杀完以后，往往忽略了在他们身后，可能已经是一片狼藉。赚来的钱，市场营销打出来的市场，最后因为没有削减成本，没有砍掉成本，因为这个数字 9 没有管理好，造成严重浪费，重复购买甚至错误决策，造成严重亏损。

试想，如果我们活在语文当中，活在自我陶醉当中，活在自己的经营状况当中，自己的感觉当中，不去关注数字，不去采取措施把 9 减成 8，把 8 减成 7，不了解我们企业现在到底是 10−9=1，还是 10−10=0，还是 10−11=−1，甚至有的时候可能已是 10−12=−2，那结果肯定是亏损。企业不赢利，必死无疑，所以松下幸之助说过一句话是：“企业家的使命就是赚钱，如果不赚钱那就是犯罪”。所以，一个赚了钱的企业家才能够为社会作出贡献，才能够给客户创造价值，才能够给员工提供更多的福利和待遇，才能够整合整个经济的发展和繁荣，等等。相反，如果企业家不赚钱，肯定是会给社会、给家庭、给个人、给团队、给员工造成严重的伤害。

往往企业家障碍就不知道数字 9 是多少，不知道如何去控制成本、削减成本，所以导致了我们现在不知道是 11 还是 12。我们只知道拼命地干活，我们只知道加班加点，我们只知道感觉生意好像很好，但是坐下来一算，就是不知道钱到哪里去了，没见到利润。所以，企业家要少用形容词，多用数字，严控成本，增加利润。

管理者必须抓住的几个重要指标

1. “利润”

企业应该先弄清楚“营收”“毛利”“净利”这 3 个名词，免得被数字给牵着走。相反地，有些企业常是自愚愚人地对外大肆宣传营收（实际收入的金额），但对毛利乃至最重要净利（真正赚的钱）却是避而不谈。

2. 现金

很多骄傲的企业家都不是因为销售问题而出现状况，而是花钱没有控制，不知账上有多少现金，现金流一旦被阻断，随时都有可能被一刀毙命。

3. 损益平衡点

随时掌握公司的损益平衡分析，了解月营收要多少才能收支平衡，心中随时有数，便无须等到财务报表出来才知有没有赚钱。

4. 库存

为了维持一定的营运活动，大部分的企业或多或少都有存货，却要适当。存货是要成本的，多一天存货，就多一天现金支出。但若抓得太紧，不仅原物料与生产无法正常衔接，更糟的是客户可能就一去不返了。

5. 订单和退货纪录

企业订单若未即时处理，误了交期，恐得面临赔偿的问题。盯紧订单才能实践营收；有了订单，却频遭退货，表示质量管理有问题，不只造成损失，长此下去必将声名扫地，淡出市场。

6. 员工数

企业组织常在不知不觉中变大，但收益和利润增长未见得成正比。有些经理阶层常以直接管理的人数多寡，作为自己在组织里重要性的依据，如此“大头病”换得的是人事费用只上不下。

7. 产品销售量

市场占有率与产品调价关系是否得到有效及时掌控；如果企业家只看营收报表，这中间势必潜藏很多漏洞。例如，某公司虽然营业额不断提高，但销售量却在下跌，市场占有率在萎缩。营收之所以成长，是因为产品调整价格的关系。因此，企业家还要定期查看销售量，才能如实掌握公司业务状况，盯紧利润。

任何项目，财务先行

“爱多”VCD 想必读者都很熟悉了，这个品牌在上个世纪末的最后几年可谓风光一时。最终由于资金状况紧张，导致其长期拖欠供应商、代理商资金。在供应商、代理商不断催款的情况下，老总胡志标明知其银行账户资金不足，仍采取了开空头支票的办法。我们知道，一般支票的兑付期限都是 10 天，而“爱多”公司开立的支票期限长达 3 个月。即使这样，由于资金紧张，空头支票到期后仍然无法兑现。供应商和代理商们再也坐不住了，于是将“爱多”公司及其总经理胡志标告上法庭，最终，“爱多”公司倒闭，胡志标本人也以票据欺诈罪及另外两项罪行被判入狱。

导致这样结局的重要的一方面，是胡志标缺乏财务管理方面应有的知识，致使公司的资产负债率高达 188%，真是“无知者无畏”。据有关媒体报道，只有高中毕业文凭的胡志标目前正在监狱中自学财务大专，非常注重企业管理知识的学习。也许忽视财务的惨痛教训对他来讲是太大了，商界奇才的不幸遭遇令人扼腕痛惜。

财务就是企业的粮草，项目开发前，先要敲定财务计划。因为资源配置是一门学问。企业的资金配置是企业怎样将有限的资金运用到边际效益最高的用途上去。通俗地讲，就是用最少的钱办最大的事。人才、资金、技术、信息都是现代企业重要的生产要素，而资金由于其可计量性和管理手法成熟等特点，往往成为判断企业管理效益的首要指标。优化企业资金的内部管理对企业利润的增长有极为重要的意义。

很多企业的财务管理都滞后于项目启动,资金在内部的分配极为不合理，存在着生产环节费用少、管理费用多等各种弊端。这些问题充分暴露出我国的财务制度和企业的财务工作有诸多问题。

没有明确的财务计划。财务计划是联结采购、生产、销售、行政管理等计划的中心环节，应该在经营计划中处于核心地位，是实现企业战略的根本保证。为了避免“不该花钱的时候乱花，该花钱的地方没钱花”的情况发生，小到个人的理财计划，大到国家的财政预算，处处体现资金预先有计划配置的重要性。企业财务计划包括一般性的支出约束和具体项目的财务报告两方面，前者是为了维持企业内部的经营秩序，后者则表明了财务部门对企业决策的态度，任何一个大的项目都是需要财务可行性分析的。而“爱多”VCD的多项经营活动，根本没有财务部门出具的可行性报告，也就难免造成资金浪费。如当“爱多”的市场认知度已经达到90%的时候，采取一般性的广告投入即可维持，继续大量做广告也难以使认知度有显著提高，因为广告的效应也是边际递减的。然而“爱多”此时仍然以天价去争中央电视台标王，这个决策缺乏基本的财务理性。

财务管理漏洞大也是当前我国经济生活中突出的问题。如果说财务计划、财务监督等方面不完善是由于制度建设不够而产生的客观问题，那么财务管理漏洞的主观性更突出一些。尤其在国企，损公肥私的手法大多是通过人为的财务漏洞实现的。我们所知道的已破产的国企哈尔滨阿城糖厂是财务管理混乱的典型。该厂的人员从农民手里收购甜菜是每吨100多元，到了厂里就变成了每吨356元，谁也说不清楚这中间的差价是怎么来的。在该厂破产以后，清理人员在横七竖八摆放的账本里查出1 665万元的银行账款不知去向，混乱情况可见一斑。

我们不应该只停留在正确认识资本、善待资本的呼唤和论证中，更重要的是懂得资本来了我们怎样运用并使其发挥最大的作用。而在学会使资本收益最大化的漫漫征程上，财务管理就是我们极为重要的一课。

实施全员成本控制

在一个企业当中，各个部门、每个员工都是成本控制者，又都是利益创造者。成本管理不单纯是核算部门的事情，而是企业所有人员的职责，必须逐步实现成本管理由财务部门控制向全员控制的转变。要让团队的所有人明确：不能只追求局部的利益，而是要追求整个组织全局的利益。

企业管理者需要在企业树立全员成本观念。

R公司是一家减价会员店，不断削减成本是该公司一贯奉行的原则和理念。该减价会员店削减了中间商、售货员和多余的包装处理，这其实就是一个潜在的赢利大仓库。如果有哪一个顾客购买了很大的批量货物，那么该顾客就能从它这里得到很实惠的折扣价。这样一来，一个多赢的局面就在该公司、顾客与供应商之间形成了。

因为减少了产品的包装，从而给供应商减轻了很多负担，也少了很多不必要的麻烦，这样就使产品的价格大大降低了。如果供应商拒绝，就不购进其货物。因此，顾客在购买过程中始终有一种发现的喜悦。可能需要的并不总是有货，不过一旦有货，就非常划算。这种方式运作良好，使减价会员店根本没有存货费用。商品如果没有接着订货，一般几个星期就销售一空。

每当进驻一个市场，该减价会员店就会将大量的会员卡销售给消费者和未来的顾客，销售会员卡所得来的这笔资金可以先用来支付会员店的建设费用。更有甚者，直到公司将早期投资 2 500 美元的人们都变成亿万富翁之后的今天，公司的年报依然是用一般复印机做出来的。总经理在办公室还保留着他学生时期用的书架：用砖头架着两块木板。

只要你有机会降低成本，就不要错过这次机会，不但不让你自己错过，也要让你的员工不要错过。任何降低成本的措施都非常重要，只有将成本降到最低，出售的产品才最具有竞争力。因此，每一个企业都应该培养全员成本意识，每位职员都应该拥有清楚的“成本意识”概念，包括降低经手的各项材料成本、人工成本、制造费用、营销费用等。

树立全员的成本观念，就需要想方设法地使员工培养成本意识，能够使他们从老板的角度去思考问题，比如说，钱从哪里来？应该怎么用才能最节省？要让全体员工意识到成本控制的必要性和合理性，从而相应地在日常工作中时刻牢记成本控制的准则，在工作过程中做出成本控制的决策。

在传统的成本管理中，它注重的只是企业内部的产品生产制造过程，但是它没有涉及企业成本发生发展的全过程。“现代管理学之父”德鲁克提出“在企业内部，只有成本可言”这样的观念。企业员工应提高对“成本”概念的认识，在自己的工作岗位上切实把握好成本的控制，才能达到增强竞争力和扩大市场份额的目标，继而实现企业的预期利润。

小处做精细，大处不糊涂

成本控制作为一项精细、严密的工程，它除了需要对大成本支出进行控制之外，还要对小成本支出做到精细，只有这样，你才能够全方位地节省成本，为利润的增长提供全面的保证。

零基思维是一种对小成本、大成本控制的著名管理思想。美国德州电器公司于 20 世纪 50 年代提出了零基预算的概念，并将其用在了企业管理上。

零基预算要求管理者不管以前在某个项目或总体上拨了多少款，一律以零为基数，重新论证企业和各部门的预算申请。后来，美国组合国际电脑公司的企业负责人王嘉廉先生据此提出了更有颠覆性的思想——零基思维。零基思维认为：以前做的和现在做的不一定合理，先决定公司做什么，才能开始分配资源。只有合理的才能存在。

零基思维用在成本管理上的精髓就在于：保持公司的高效率，谨慎使用每一份资源。在企业的所有支出中，成本都应当花费在最有效果的地方。削减企业的所有那些没有产生作用的开支，只保留那些最合理、最有效果的成本开支。

对于每一项成本控制都应做到精细管理，把钱花在最应该花的地方。每提出一项开支的申请或预案，企业管理者都应当考虑一下：这笔钱花出去有什么效果？由谁花？怎么确保效果？达不到效果追究谁的责任？精细管理就是要求无论多细小的地方，每一项成本都要严格控制。

公司对成本和财务的控制能力在李嘉诚先生和记黄埔得到了很好的体现，甚至达到了每一分钱都记在账的地步。公司各部门每年都要作预算，细到电话费是多少、办公费是多少、交通费是多少，什么时候使用，都要交代清楚。上报以后，财务审计人员会把历年的成本支出逐项调出来进行对比，看这些费用支出是否合理。公司里的管理层能够在任何时刻谁在什么地方花了多少钱，甚至能够知道更详细的信息，比如某人一年以来用了多少纸，或者是一年以来每个星期的打的费用等。财务部门把诸如房租成本、人工成本、折旧成本、办公成本、采购成本等都详细地记录在案，在很短的时间内就能够将财务支出信息送达公司管理层。在这些财务信息上能够清楚地显示哪些支出需要保留、哪些费用需要取消。

做到对公司项目支出的逐条控制，需要建立体系并严格执行。由企业领导人建立控制体系，请专业、负责任的财务人员来执行。

对于企业的大成本控制需要同时借助于财务审计人员和基层管理人员的层层协助，严格把关。很多企业对于细节上、金额支出少的地方往往把得很严，但却经常忽略大成本支出。对于数额较大的支出，领导者一定要严格审批、层层把关，确保万无一失。

企业可以采取“一定数额的支出一定要经过严格审批，而且越是重大的支出经过的程序就越多”的措施，同时，必须有充分的理由和把握，才可能通过严格的程序。金额一旦批下来，就有明确的责任人来使用，如果用途不当或没有达到应有的收益，责任人就要承担后果。

树立新的成本观念，小处做精细，大处不糊涂。对每一项细小的地方都逐项控制，对每一项大额支出都严格审批。管好、管住每一笔支出，最大限度地节省成本。把钱用在最有效果的地方，利润就会增加。

杜绝浪费企业资金

作为一个小企业的经营者，往往是白手起家，苦心打拼才开拓出了一片事业。因此，企业的一点一滴都是逐步积累的，对于这些财富，没有理由不去珍惜。

企业每天都在花钱，可是，你想过如何花钱才是最节省的办法吗？如果你仅仅关注的是企业如何挣钱，如何发展，而对每天的花费开支毫不在意，甚至大手大脚地花钱，那么再多的收入也会被支出所抵消。更重要的是，一点点财产的浪费，不仅损失了财富本身，还给企业的整体凝聚力和战斗力带来致命的打击。

任何资金的浪费都可能会带来如下后果：它会损害企业的财富，造成企业中健康资产的流失；它会破坏企业的制度；它会打击团队的凝聚力，容易使员工如一盘散沙；它会使计划因散漫而不能正确执行；它会使敬业爱岗的精神面临一次挑战。

珍惜财富的最好方法是杜绝浪费。对于企业的每一笔开支，支出前你不妨自问：这笔钱究竟用在什么地方？不用可以吗？能用得了这么多吗？能否通过借助分期付款或信贷等方式来实现？能否通过建立规章制度来减少开支？如果经常思考这些问题，资金的利用效率会大大增加。

为了避免浪费，经营者可以采取以下几点措施：

（1）可以把不必要做的事情彻底地减掉。

（2）制定出相应奖惩分明的制度规范，并且严格地加以执行。

（3）设置财务监督部门和人员。

（4）重新设计某些设备的操作，确保浪费被降到最低。

（5）更新生产技术，减少资金和人员的投入。

（6）精确测定原料需求量，进而避免采购环节的浪费。

（7）削减企业高额的交通费与招待费。

（8）不要让机器设备长期闲置不用。

（9）办公室的空调、电脑、电灯等无人时确保关闭。

作为小企业的经营者要身体力行，以实际行动感召公司员工，要让员工感觉到公司中的一切都是在花他们自己的钱。这样的话，全体员工都会自觉地避免浪费。我们要知道，成千上万的、日常的、微不足道的小节省，汇集起来会对控制成本、减少开销具有重大的意义。

国外的一项行之有效的措施是推行职工持股计划。职工持股大概可以说是避免浪费的最好方法，因为员工持有企业的股份的话，每个人都是企业的小老板、小股东，他们就会像珍惜自己的财富一样珍惜公司的财富，浪费现象就会被降低到最低水平。

在避免大手大脚花费的同时，经营者也要防止另一个极端：缩手缩脚，不敢花钱，特别是一些必要的开销也去处处节省。

通常来看，在一定时期内，公司拥有的资本量是一个既定的量。经营者如果将这部分钱用在这一用途上，便不可能将它再用在另一种用途上。因此，必须确保这部分钱用于该用途的收益一定要大于所放弃用途的收益。否则，就是不划算的。

从这个意义上来说，经营者必须学会花钱，要认真地筛选投资项目，确保每一分投资都是用于获利最高的项目；同时，学会用净现值等方法测算项目收益，比较项目投资价值。在大概支出之前，必须确定的是这笔钱的确有支出的必要。

总之，节约并非“一刀切”，该省的省，该花的花，对企业有利的，投资百万也值得，对企业有害的，多花一分也是浪费。将有限的资金用在最佳的项目上，把钱花在刀刃上，就是最好的花费方法。

降低差旅成本

一般的，差旅成本由直接成本和间接成本两部分组成。直接成本包括交通、住宿、餐饮以及财务部门的管理费用，目前，多数企业仍采用传统的纸张报销手段；间接费用则包括企业需要预支的现金、报销以及审计单据的费用。稍不注意，就会有很多费用在某个或某些环节大量流失。

有一家在中国的跨国企业，每年的差旅开支都要超过 800 万美元，其原因就在于直接成本和间接成本太高。这家企业在中国的摊子铺得很大，它拥有 40 家分支机构，48 家不同的代理商。公司职员每年都要坐上好几趟飞机，可谓是航空公司标准的大客户，但从来没有人想到去和航空公司协商，获得一定的折扣。

这个公司的酒店费用也是如此。公司职员都有自己偏好的酒店，所以无法和哪个酒店签订长期合同，以获得更优惠的价格。更为糟糕的是，该公司至今还采用传统的预支现金的做法，所以出差人员每次回来都会带来一堆发票，足够让财务人员忙上大半天审计，而且还容易因某些发票能不能报销发生争执。总之，差旅费用管理的落后、无序，造成了如此现状。

那么，如何控制商务旅行成本呢？企业不妨做到以下几点：

（1）明晰财务政策，便于所有部门查询，由此避免职员在未被授权的领域内支出费用。

（2）优化供应链。要学会控制成本，必须清晰地了解企业把钱都花到哪里去了，自己的供应商究竟是谁；然后优化供应链，与航空公司、酒店签订长期合作合同，获得优惠的价格。

（3）用公司卡管理费用支出。用传统的纸张管理，不仅容易发生纠纷，而且管理成本很高，国外很多企业早就和一些金融机构合作，开发出公司卡。职员可以拿着这张卡直接消费，既避免了现金支出，降低了成本，而且还可以对整个出差流程进行费用监控，看其是否符合公司政策。这样一来，所有的信息都可以迅速查询，而又无需繁杂的发票。

（4）监督相关政策的执行情况。因为再好的政策得不到执行也只是一纸空文，企业需要建立一套强有力的监督机制。

（5）严格控制费用支出。对费用支出严格把关，一旦发现授权之外的支出，一律予以处罚。

（6）使用科技手段降低费用。传统的程序往往是公司行政部门帮助员工打电话、订票、付钱，既耗用时间、人力，而且效率也低。最理想的做法就是借助全球预订系统等现代化工具，对飞机航班、酒店房间存量等信息有一个清楚的了解，这样每一个要出差的人只要自己上网，花费很短的时间就能搞定所有的事。